EMİNE BEDER
ET YEMEKLERİ

İNKILÂP

Birinci baskı: Haziran 2002

Sponsorlar

  **KÜTAHYA**
DIŞ TICARET LTD. ŞTİ. Prestige *Corner* P O R S E L E N

PABETLAND® GORBON

Yemek Danışmanı
Emine Beder

Kapak ve Sayfa Tasarımı
Esranur Değirmenci

Fotoğraflar
Şevket Kızıldağ

Yemek Stilisti
Arzu Aygen

Katkıda Bulananlar
Buket Düğenci

Dizgi
Meline Pamukçuoğlu

Düzelti
İdil Önemli

Baskı
ANKA BASIM
Matbaacılar Sitesi, No: 38
Bağcılar-İstanbul

ISBN
975-10-1867-6
02-34-Y-0051-0183

02 03 04 05   10 9 8 7 6 5 4 3 2 1

İİİ İNKILÂP
Ankara Cad. No: 95
Sirkeci 34410 İSTANBUL
Tel: (0212) 514 06 10 - (Pbx)
Fax: (0212) 514 06 12
Web sayfası: http://www.inkilap.com
e-posta: posta@inkilap.com

İÇİNDEKİLER

Önsöz 6
Et Alırken Nelere Dikkat Etmeliyiz? 7
Etleri Nasıl Saklamalıyız? 8
Et Pişirme Yöntemleri 9

K I R M I Z I   E T L E R
Kolay Ev Döneri 12
Güveç Kebabı 13
Orman Kebabı 13
Mantarlı Et Sote 13
Sebzeli Kuzu Kebap 14
Sebzeli Kebap 14
Etli Türlü 15
Sülbiye 16
Kış Türlüsü 17
Papaz Yahnisi 17
Dağar Kebabı 17
Hünkârbeğendi 18
Erikli Kebap 18
Yoğurlu Kebap 18
Pirinçli Yahni 19
Konya Tiridi 20
Pilavlı Davet Kebabı 21
Kolay İskender Kebabı 21
Et Paçası 22
Patlıcanlı Güveç Kebabı 23
Çoban Kavurma 23
Şark Usulu Sahanda Et 23
Baharlı Et Yahnisi 24
Çağla Aşı 24
Meftune 25
Şiveydiz 26
Bozartma 26
Haşlama 26
Babamın Yahnisi 27
Taraklı Tava 28
İki Renkli Kebap 28
Enginarlı Kuzu Kebabı 28
İmam Yahnisi 29
Kurban Yahnisi 30
Ekşili Yahni 30
Kaburga Dolması 30
Akşehir Kebabı 31
Kuzu Kapama 32

FIRINDA PİŞEN ET YEMEKLERİ

Elbasan Tava 33
Fırında Çöp Kebabı 33
Güveçte Püreli Mantarlı Kebap 34
Fırında Patlıcan Kebabı 34
Püreli Patlıcan Kebabı 35
Bostan Kebabı 35
Sultan Kebabı 36
İslim Kebabı 37
Saray Kebabı 38
Güveçte Barbunyalı Kebap 38
Nazlaş 39
Tandır Kebabı 40
Ispanaklı Kuzu Kol Sarma 41
Kuzu Kol Sarma 41
Ispanaklı Saray Kebabı 42
Fırında Pastırma Kebabı 42
Manisa Kebabı 43
Fırında Rosto 44
Rosto 45
Mantarlı Sosis Güveç 45
Şiş Kebap 46
Çöp Şiş 46
Tike Kebabı 46
Kuzu Şiş Kebap 47
Sac Kebabı 48
Şark Kebabı 49
Sebzeli Sac Kebabı 49
Kâğıt Kebabı 50

BİFTEK, BONFİLE, PİRZOLALAR

Fırında Mantarlı Biftek 51
Fırında Patatesli Biftek 51
Ispanak Püreli Domatesli Biftek 51
Sahanda Kekikli Pirzola 52
Sebze Garnitürlü Bonfile 52
Domatesli Bonfile 53
Fırında Mantar Soslu Bonfile 54

SAKATATLAR

Beyin Pane 55
Böbrek Yahnisi 55
Fırında Kokoreç 55
Kelle Paça Çorbası 56
Terbiyeli Paça Çorbası 56
Bumbar Dolması 56
İşkembe Dolması 57
Ciğer Taplaması 57
Ciğerli Gömlek Kebabı 58
Gömlekli Ciğer Dolması 58
Arnavut Ciğeri 59
Ciğer Şiş 60
Ciğer Yahnisi 61
Patatesli Baharlı Ciğer Tava 61
Nohutlu İşkembe Yahnisi 62

KÖFTELER

Kuş Yuvası Köfte 64
Sandal Köfte 64
Kuru Köfte 65
Saksı Köfte 66
Mantarlı Dil Peynirli Rulo Köfte 67
Hasanpaşa Köftesi 67
Dalyan Köfte 68
Piliç Dalyan 68
Gondol Köfte 69
Hardallı Dalyan Köfte 70
Çukurova Sini Köftesi 71
Bulgurlu Köfte 71
Köfteli Şeftali Kebabı 72
Oruk Köftesi 72
Sucukiçi Köfte 73
Lahmilsini-Tepsi Kebabı 74
Kayseri Köftesi 75
Kayseri Köftesi (başka şekilde) 75
Annemin Ekmek Köftesi 76
Patates Püreli Köfte 76
Çullu Köfte 77
Mısır Unlu Köfte 78
Kadınbudu Köfte 79
İçli Patates Köftesi 79
Fırında Köfte Kebabı 80
Köfteli Pide Kebabı 80
Kubbe Köftesi 80
Köfte Yahnisi 81
İzmir Köfte 82
Patlıcanlı Paşa Köftesi 83
Köfteli İslim Kebabı 83

Ekşili Köfte 84
Islama Köfte 84
Terbiyeli Köfte 85
Köfteli Ali Nazik Kebabı 86
Muş Köftesi 87
Kilis Tavası 87
Güveçte Sebzeli Köfte 88
Siirt Köftesi 89
Saray Köftesi 90
Gökkuşağı Köftesi 91
Sultan Sarığı Köftesi 91
Kaşarlı Sultan Köftesi 92
İskender Kebap 92
Sulu Köfte 92
Şiş Köfte 93
Patlıcanlı Kebap 94
Izgara Köfte 95
Sebzeli Şiş Köfte 96
Harput Köftesi 97
Sahan Köftesi 97
Nohutlu Köfte 97
Mücver Köfte 98

FIRINDA PİŞEN TAVUK ETLERİ

Tavuk veya Hindi Etini Pişirirken Nelere Dikkat Etmeliyiz? 100
Tavuk veya Hindi Etlerini Marine (Terbiye) Etmek İçin 101
Artan Tavuk Eti ile Neler Yapabiliriz? 101
Fırında Sebzeli Tavuk 102
Tavuk Dolması 102
Fırında Tavuk 103
Fırında Tavuk (fırın torbasında) 104
Aksaray Usulü Tavuk Dolması 105

Terbiyeli Tavuk Yahnisi 105
Beğendili Piliç Yahnisi 106
Patatesli Piliç Yahnisi 106
Tavuklu Dalyan Köfte 107
Yayla Soslu Tavuk Kebabı 108
Ekşili, Tatlılı Rumeli Yahnisi 109
Mantarlı Tavuk Yahnisi 109
Piliç Kapama 110
Çiftlik Kebabı 110
Püreli Hindi Bohçası 110
Bahçe Kebabı 111
Soya Soslu Tavuklu Mantar Sote 112
Milföyde Tavuk Budu 113
Elma Soslu Tavuk Budu 113
Izgarada Tavuk Budu 114
Soslu Piliç Roti 114
But Yahnisi 114
Mantarlı Tavuk Sote 115
Bademli Hindi Sote 116
Mantarlı, Limon Soslu Tavuk Sote 117
Körili Tavuk Sote 117
Fırında Sebzeli But 118
Beğendili Piliç Budu 118
Fırında Tavuk Budu 119
Domates Soslu, Biberli Hindi Rulosu 120
Köfteli Hindi Bohçası 121
Hardallı Sebzeli Hindi Bohçası 121
Ispanaklı Mantarlı Hindi Bohçası 122
Pakette Ispanak Püreli Hindi Bohçası 122
Brokolili Hindi Bifteği Bohçası 123
Elma Soslu Hindi Bohçası 124
Sebzeli Hindi Bifteği Bohçası 124
Sebzeli Tavuk Göğsü Sarması 125
Mantarlı Tavuk Göğsü Sarması 125
Gökkuşağı Tavuk Göğsü Sarması 126
Kernek Usulü Tavuk Göğsü Sarması 127
Fırında Sebzeli Tavuk Göğsü 128
Mantarlı Tavuk Göğsü 129
Mantar Soslu Tavuk Göğsü 129
Terbiyeli Şnitzel 130
Limon Soslu Tavuk Göğsü 130
Sürprizli Şnitzel 130
Şnitzel 131
Çıtır Piliç Bifteği 132
Roka Soslu Kremalı Piliç Bifteği 133
Fırında Sürprizli Piliç Bifteği 133
Parmak Pane 134
Susamlı Parmak Pane 134
Hardal Soslu Piliç Bifteği 135

Limon Soslu Piliç Bifteği 136
Pakette Portakallı, Elmalı Hindi Bifteği 137
Fırında Mantarlı Piliç Bifteği 137
Yufka Sepetinde Tavuklu Sürpriz 138
Terbiyeli Tavuk Köftesi 138
Tavuk Köftesi 139
Izgarada Tavuk Köftesi 140
Tavuklu Patates Dövmesi 141
Şıpsi 141
Çerkez Tavuğu 142
Jambonlu Tavuk Göğsü Sarması 143
Arabaşı 144
Fırın Torbasında Sebzeli Tavuk 144
Torbada Piliç Etli Türlü 145
Tavuk Şiş 146
Tavuk Şiş (başka şekilde) 147
Güveçte Mantarlı Tavuk 147
Fırında Tavuklu Tirit 148
Piliç Etiyle Sebze Mücveri 148
Tavuk Graten 149
Tavuk Graten (Sebzeli) 150
Mantarlı Tavuk Graten 150
Domates Soslu Tavuk Sote 151
Ispanaklı Tavuk Göğsü Sarması 151
Fırında Sebzeli Tavuk 152
Tavuk Kroket 152
Tavuk Etli Patlıcan Kebabı 153
Güveçte Kayısılı Tavuk 153
Fırında Kayısılı Piliç Kapama 154
Kâğıt Kebabı 154

Hamsi Rulosu 162
Sebzeli Hamsi Tava 162
Fırında Çupra 163
Güveçte Levrek 164
Asma Yaprağında Sardalya 165
Fırında Sardalya 165
Şef Usulü Palamut 165
Soya Soslu Palamut 165
Tencerede Kefal Buğulama 166
Güveçte Balık 166
Kâğıtta Balık 166
Kremalı Balık 167
Kâğıt Kebabı 168
Fırında Domates Soslu Lüfer 169
Sazan Kebabı 169
Havyar Köftesi 169
Şişte Uskumru Kebabı 169
Fırında Balık Yahnisi 170
Papaz Yahnisi 170
Tarama 171
Kalamar Dolması 172
Soslu Alabalık 173
Mantar Soslu Alabalık 173
Portakallı Kuskuslu Alabalık 173
Ton Balığı Yahnisi 174
Ton Balıklı Lahana Bohçası 174
Pakette Balık 174
Fırında Barbunya Buğulama 175
Beşamel Soslu Sebzeli Levrek 176
Uskumru Dolması 176

BALIKLAR
Balık Satın Alırken Nelere
Dikkat Etmeliyiz? 156
Balık Pişirme Yöntemleri 156
Hamsi Pilaki 158
Hamsi Kuşu 159
Hamsi Buğulama 160
Fırında Hamsi Buğulama 160
Hamsi Dolması 160
Fırında Sebzeli Hamsi 161
İç Pilavlı Hamsi Tava 161
Pazılı Hamsi Pilaki 161

5

ÖNSÖZ

Umarım, şu an elinizde tuttuğunuz kitabın parlak cildini, mutfaktaki masanın veya tezgâhın üzerine açıp una ve yağa bulamadan önce bu satırları okuyorsunuzdur. Birkaç sayfa sonra başlayacak yemek tariflerinin ve bu kitabın öyküsünü size kısaca anlatmak istiyorum.

Sanıyorsunuz ki, ben bu kitabın yazarı, Türkiye'nin "pek tanınmış yemek yazarı," çorbayı hiç taşırmadım, pilavın altını hiç tutturmadım, böreğin altını kızartıp üstünü çiğ bırakmadım. Benim pişirdiğim bulgur pilavlarının da içinden taş çıktı ve inanır mısınız, ilk yaptığım kekler kabarmadı. Fakat kuşaklardır, yemek kültürü son derece zengin bir ailenin çocuğuydum; fazlaca misafirperver ve lezzet ustası annemin konukları için mütemadiyen pişirdiği enfes yemeklerin nasıl yapıldığı, zamanında belleğime silinmez izlerle kazınmıştı. Elbette, babamın sevgiyle harmanlayarak bizler için hazırladığı doğaçlama yemeklerin lezzeti de...

Özellikle memleketim Akşehir'in ve Anadolu'nun tüm yörelerinin yemeklerine, yemeklerin öykülerine, sunuluşlarına ya da hangi özel günlerde yapıldıklarına büyük bir merak duyuyordum. Her şey böyle başladı. İlk televizyon programlarında ve Sabah gazetesindeki köşemde bu yüzden yöresel yemekler büyük yer tuttu. Fakat, Anadolu'nun lezzetli ve bir o kadar da zahmetli yemeklerini; ayaküstü atıştırmalarını yemek yapmaya tercih eden günümüz Türk toplumuna uyarlamak gerekiyordu. Sonraki çalışmalarım da bunun üzerine oldu. Zaman zaman tariflerin zahmetli özelliklerini biraz basitleştirerek, zaman zaman da bulunması güç malzemeleri, daha kolay bulunan çağdaş mutfağın sağlıklı malzemeleriyle değiştirerek, unutulmaya yüz tutmuş yöresel tatları Türk halkına yeniden sevdirmeye çalıştım. Zamanla dünya mutfağından lezzetleri de Türk damak tadıyla harmalayarak yeni tarifler ürettim. Tariflerimde sürekli pratik olmayı esas aldım ve mutfağa giren herkesin, lezzetli yemeklerle mutfaktan dışarı çıkabilmesi için, anlaşılır ve kolay uygulanabilir tarifler yazmaya özen gösterdim.

Şu an elinizde 10 yıllık uğraşın basılı kâğıda yansımış halinin beşinci cildini tutuyorsunuz. Bu sayfalarda pek çok tarif bulacaksınız. Tarifleri uygulayınca, ortaya çıkan lezzetler, belki akşam yemeğinde misafirlerinize sunacağınız ve kendiniz yaptığınız için de gurur duyacağınız et yemekleri olacak. Size yemeğin sonunda "Eline sağlık" dediklerinde yüzünüz gülecek. Ve inanın, ben mutlu olacağım. Şimdi sayfayı çevirin ve mutfağa girin. Ama her şeyden önce, ölçülerinize bir ölçü de sevgi ekleyin...

Bu kitabı, sevgisini çok özlediğim sevgili rahmetli babama ve sevgili anneme ithaf ediyorum. Üzerimde çok emekleri var. Beni dualarıyla, sevgileriyle hep desteklediler. Size binlerce teşekkürler anneciğim ve babacığım.

Emine Beder

Tariflerin kaç kişilik olduğu ve zorluk dereceleri yıldız sembolleriyle belirtilmiştir. Her tarifte, malzemeler kısmının en altında yer almaktadır.

★ *Yapımı çok kolay tarifler*
★★ *Pratik tarifler*
★★★ *Biraz daha zahmetli tarifler*

ET ALIRKEN NELERE DİKKAT ETMELİYİZ?

Ete dokunarak taze olup olmadığını anlayabilirsiniz.
Taze ete dokunduğunuzda parmağınızı ıslatmıyorsa
et tazedir.

Bozulmuş et morumsu bir renktedir, kolayca parçalanır,
ıslaktır. Dokunulduğunda yağı ele yapışır.

Taze etin rengi kırmızıdır, kokusu kendine has et kokusudur.
Bozuk et, ağır ve kötü kokar.

Etin esmerleşmiş olması da etin bozuk olduğunu gösterir.

Kıyma alırken önceden çekilmiş olanına rağbet etmeyin.
Seçtiğiniz etin kıymasını çektirmek daha doğru olur.

Ete parmağınızı bastırdığınızda etin üzerinde parmak iziniz
hemen kaybolmalıdır. Parmağınızın izi ette kalıyorsa,
et bayatlamaya yüz tutmuştur.

Vitrinlerde kuvvetli ışık altında bulunan
etlerin rengi sizi yanıltabilir. Etlere vitrin dışından bakıp
kontrol etmek gerekir.

ETLERİ NASIL SAKLAMALIYIZ?

KIYMA

Kıyma halindeki etler makinede çekilirken parçalanmış olduklarından hücrelerini ve öz sularını kaybedip su salgılarlar. Böyle bir ortamda mikroorganizmalar hızla ürer. Bu nedenle, kıyma küçük toplar haline getirilip alüminyum folyolara sarılarak buzlukta saklanmalı, tüketileceği zaman buzluktan alınmalıdır. Bu şartlarda, buzluğunuz derin donduruculu ise kıyma 8-9 ay saklanabilir. Eğer normal buzlukta saklayacaksanız bu süre 5-6 gündür.

TAVUK VE PİLİÇ

Tavuk ve pilici birkaç su yıkayıp suyunu iyice süzdükten sonra buzlukta saklamalısınız. Derin dondurucunuz varsa uzun süre saklayabilirsiniz.

SUCUK

Serin bir yerde asılı olarak saklanmalıdır. Zamanla sucukların üzerlerinde beyazlaşma görülebilir. Bu durumda sucukların baş kısmı ve dış kısmı ıslak ve temiz bir bezle silinmelidir.

SALAM VE SOSİSLER

Salam ve sosisler içerdikleri yağ ve rutubet oranının fazlaca olması nedeniyle buzluğun alt rafında muhafaza edilmelidir. Ancak ambalajları açılan salam ve sosisler buzdolabında olsalar bile kısa zamanda bozulurlar. Bu nedenle salam ve sosislerin ambalajları açıldıktan sonra 3-4 gün içinde tüketilmesi gerekir.

ETLERİ PİŞİRİRKEN NELERE DİKKAT ETMELİYİZ?

Eti, kaynar su ilave ederek haşlayın. Ayrıca proteinini artırmak için, eti haşlarken içine çeşitli sebzeler ekleyin. Haşlama suyuna kokulu otlardan da ilave edebilirsiniz. Et yumuşamaya başladığında tuz ekleyin. Tuzu baştan ilave etmek, eti sertleştirir. Kaynar su eklendiğinde sıcağın etkisiyle etin yüzeyindeki albumin maddesi koyulaşır. Böylece etin kendi suyunun haşlama suyuna geçmesi engellenir. Bu şekilde pişen et daha lezzetli ve besleyicidir. Et suyunun berrak olması için en iyi haşlama yolu şudur: Et önce kaynar suda birkaç dakika haşlanır. Daha sonra suyu süzülerek tencereden alınır. İçinde sebzeler bulunan soğuk su dolu bir tencereye atılarak pişirilir. Böylece etin suyu tortusuz olur ve daha lezzetli hale gelir. Etin piştiği tencereye soğan, kereviz, havuç, sarmısak, patates konulursa suyu lezzetli olur. Tencere kebaplarında tarçın ya da karanfil kullanılabilir. Karabiber her türlü kuşbaşı ete yakışır. Köri ve safran, bazı et yemeklerinde kullanılsa da özellikle köri, tavuk yemeklerine daha uygundur.

Et Pişirme Yöntemleri

Kebaplar ve Yahniler

Kebaplar ve yahnilerde et ilk önce biraz yağ ilavesi ile hiç su konulmadan, bıraktığı suyu çekene dek kavrulur. Fazla esmerleşmemesine dikkat edilmelidir. Et tek başına pişecekse çok az sıcak su eklenir. Sulu sebzeler katılacaksa suya gerek kalmayabilir. Ancak tuz ete kesinlikle baştan atılmaz, çünkü eti sertleştirir. Tuz, et suyunu iyice çekip yarı yarıya piştiğinde ilave edilir.

Fırında Kızaran Etler

Fırında et kızartılacaksa çok kızgın olmayan önceden ısıtılmış fırında pişirilir. Et fırına sokulurken etin yağlı kısmı üste getirilmelidir.

Izgara Etler

Izgara hafif ateşte yapılır. Etler buzdolabından alındıktan sonra biraz bekletilir ve ızgara yapıldıktan sonra tuz serpilir. Izgara, teflon tavada da yapılabilir. Bu durumda etin yağ durumuna göre tavaya yeteri kadar yağ eklemek gerekir. Et, yağ bıraktıkça tavadaki yağ alınarak azaltılır. Tuz, et pişmeye yakınken ilave edilir.

Haşlama Etler

Ete üzerini örtecek kadar sıcak su ilave edilir. Tuz, et pişmeye yakınken eklenir. Haşlamanın daha lezzetli olması için içine kereviz, havuç, soğan, patates, sarmısak ilave edilebilir. Haşlama sonrasında bu sebzeler etle beraber servis yapılır. Eğer et ile beraber servis yapılmayacaksa blendırdan geçirilip çorbalarda et suyu ile beraber kullanılabilir.

Kömür Alevinde Pişen Etler

Etler terbiyede bekletilip kömür alevinde veya ızgarada ya da şişlere soğan, biber, domates, patlıcanla birlikte dizilerek kor ateşte pişirilir. Şişlere yalnızca et de dizebilirsiniz. Izgara ve kömür alevinde pişen et, daha yumuşak ve lezzetli olması için aşağıdaki terbiye içinde, ara sıra karıştırılarak 4-5 saat bekletilir.

Etleri Terbiye (marine) Etmek için
1/2 çay bardağı sıvı yağ
1/2 çay bardağı süt
1/2 çorba kaşığı domates salçası
1/2 çorba kaşığı biber salçası
tuz, karabiber, yenibahar, köfte baharı, kekik
(birer çay kaşığı)
2-3 diş dövülmüş sarmısak

KAVRULARAK PİŞEN ETLER

Kavurarak (soteleyerek) pişireceksiniz, koyun veya kuzu etinin but veya kol kısmını tercih edin. Kavurma sacın çukur kısmında ya da teflon tavada yapılabilir. Et, suyunu bırakıp çekene kadar kavrulur. Sonra istenirse sebze ilave edilebilir, tuzu ekilip birkaç dakika daha kavrulur. Kavurmaya sebze ilave edilmeyecekse, tuz ve üzerini aşacak kadar sıcak su eklenip yumuşayana dek pişirilir.

TENCEREDE PİŞEN ETLER

Et yağlı ise hiç yağ ilave etmeden, bıraktığı su çekene dek kavrulur, sonra yağ, ardından sırasıyla soğan ve diğer sebzeler eklenip kavrulur. Üzerini aşacak kadar sıcak su ve tuz eklenerek pişirilir. Et yağsız ise, kızdırılmış tencereye biraz yağ ilave edilir, et eklenir.

Arada bir karıştırarak bıraktığı su çekene dek kavrulur. Soğan kullanılacaksa, et suyunu çektikten sonra eklenir. Bıraktığı su iyice çekmeden salça ve tuz eklenmez, her ikisi de eti sertleştirir.

TAVADA KIZARAN ETLER

Pirzola, bonfile vs. gibi kızaran etleri çevirirken çatal kullanmayın. Et çatal ile delindiğinde içindeki özsu yağa akar. Böylece etin lezzeti azaldığı gibi sertleşir ve geç pişer.

KÖFTELER

Köftenin daha yumuşak olması için harcına 2-3 çorba kaşığı süt eklenebilir. Izgara köfte yapacaksanız ve kıymanız yağsız ise içine 1 tatlı kaşığı tereyağı eklenebilir. Köfteler tavada ağır ateşte ve kapaklı olarak pişirilir.

ETİ BİR DE BÖYLE PİŞİRMEYİ DENEYİN!

Parça eti tencereye alın. Üzerini hafifçe aşacak kadar sıcak su ilave edin. Arpacık soğanları veya piyaz doğranmış soğanları etin üzerine ekleyin. Tereyağını veya margarini parça parça ilave edin. Tencerenin ağzını kapayın, etler suyunu çekip sadece yağı kalana dek pişirin. İnmesine yakın tuz, karabiber ekleyin.

KOLAY EV DÖNERİ

MALZEMELER
1/2 kg. bonfilelik et
1/2 çay bardağı sıvı yağ
tuz, karabiber
★ **4-5 kişilik**

HAZIRLANIŞI
Eti buzlukta (bıçakla kolayca kesilebilecek kıvama gelene dek) donduralım. Dolaptan alıp döner dilimleri gibi ince dilimler halinde keselim. Etlere tuz ve karabiber serpip karıştıralım. Tavaya sıvı yağı alıp kızdıralım. Etleri ağır ateşte ve kapaklı olarak arkalı önlü kızartarak sade pilav ile servis yapalım.

GÜVEÇ KEBABI

(AKŞEHİR YEMEĞİ)

MALZEMELER

1/2 kg. kuşbaşı koyun eti (yağsız)
2 orta boy soğan
2 orta boy patlıcan
2 orta boy domates
1 baş sarmısak
2 çorba kaşığı tereyağı veya margarin (40 gr.)
4 dolmalık biber
1/2 çay bardağı sıvı yağ
tuz, karabiber
1 tatlı kaşığı kimyon (tepeleme)

★ **4-5 kişilik**

HAZIRLANIŞI

Güveç tencereye sıvı yağı alıp etleri ekleyelim. Etler suyunu bırakıp çekene dek kavuralım. Bu arada soğanları piyaz doğrayalım. Sarmısakları soyalım. Patlıcanları alaca soyup iri kuşbaşı doğrayalım. Domatesleri iri kuşbaşı doğrayalım. Biberlerin çekirdek yataklarını çıkarıp iri doğrayalım. Hepsini bir kapta birleştirip tuz ve baharatları ekleyerek karıştıralım. Etlerin üzerine sebzeleri yayalım. Fındık büyüklüğünde tereyağını, sebzelerin üzerine ekleyelim. Tencereye 1/2 çay bardağı su boşaltıp ağzını alüminyum folyo ile sıkıca kapatıp kapağını örtelim. Çok ağır ateşte ve karıştırmadan etleri ve sebzeleri yumuşayana dek pişirelim. (45 dk. sonra folyonun kenarını kaldırıp etlerin pişip pişmediğini kontrol edin.) Kebabı ateşten alıp ılıtalım. Tencereyi ters çevirerek, etler üstte kalacak şekilde servis tabağına çıkarıp servis yapalım.

ORMAN KEBABI

MALZEMELER

350 gr. kuşbaşı dana eti
2 orta boy soğan
1 orta boy havuç
2 orta boy patates
2 çorba kaşığı tereyağı veya margarin (40 gr.)
2 orta boy domates

200 gr. bezelye
tuz, karabiber, kekik

★ **4-5 kişilik**

HAZIRLANIŞI

Tencereye tereyağını alıp eritelim. Etleri ekleyerek suyunu bırakıp çekene dek kavuralım. Küp doğranmış soğanları ekleyerek pembeleşene dek kavurmaya devam edelim. Yuvarlak dilimlenmiş havuçları, kuşbaşı iriliğinde doğranmış patatesleri, bezelyeleri, tuzu, karabiberi, etlerin ve sebzelerin üzerini 2 parmak aşacak kadar sıcak suyu ekleyerek 10 dk. pişirelim. Sonra kuşbaşı iriliğinde doğranmış domatesleri ekleyerek, ağır ateşte etler ve sebzeler yumuşayana dek pişirelim. Ilıtarak üzerine kekik serpelim ve servis yapalım.

MANTARLI ET SOTE

MALZEMELER

350 gr. kuşbaşı et (but veya koldan yağsız koyun eti veya but tarafından dana eti)
1 orta boy soğan
2 çorba kaşığı tereyağı veya margarin (40 gr.)
350 gr. mantar
1/2 demet maydanoz
tuz, karabiber

★ **4-5 kişilik**

HAZIRLANIŞI

Etleri ince uzun dilimler halinde (jülyen) doğrayalım. Tencereye tereyağını alıp eritelim. Etleri ekleyip suyunu bırakıp çekene dek kavuralım. Küp doğranmış soğanları ekleyerek pembeleşene dek kavuralım. İnce uzun dilimlenmiş mantarları, tuzu, karabiberi ekleyerek mantarlar suyunu bırakıp çekene dek kavurmaya devam edelim. Üzerine kıyılmış maydanoz serperek servis yapalım.

SEBZELİ KUZU KEBAP

MALZEMELER

350 gr. kuşbaşı koyun eti (yağsız)
2 orta boy soğan
2 orta boy patates
1 orta boy havuç
2-3 sivribiber
100 gr. bezelye (haşlanmış)
2 orta boy domates
2 çorba kaşığı tereyağı veya margarin (50 gr.)
tuz, karabiber, kekik

★ **4-5 kişilik**

HAZIRLANIŞI

Tencereye tereyağını alıp eritelim.
Etleri ekleyip suyunu bırakıp çekene dek
kavuralım. Piyaz doğranmış soğanları ekleyip
pembeleşene dek kavurmaya devam edelim.
Yuvarlak dilimlenmiş havuçları ve dörde
kesilmiş patatesleri, doğranmış sivribiberleri,
tuzu, baharatları, etlerin ve sebzelerin üzerine
hafifçe aşacak kadar sıcak suyu ekleyip ağır
ateşte etler ve sebzeler yumuşayana dek
karıştırmadan pişirelim. Kebabı ateşten
almadan 10 dk. önce küp doğranmış
domatesleri ve haşlanmış bezelyeleri ekleyerek
pişirmeye devam edelim. Kebabı ateşten alıp
ılıtarak servis yapalım.

SEBZELİ KEBAP

MALZEMELER

350 gr. kuşbaşı dana eti
1 orta boy havuç
2 orta boy patates
1 orta boy kabak
200 gr. mantar
2 orta boy soğan
1 tatlı kaşığı un (tepeleme)
2 orta boy domates
2 çorba kaşığı tereyağı veya margarin (50 gr.)

★ **4-5 kişilik**

HAZIRLANIŞI

Tencereye tereyağını alıp eritelim. Etleri
ekleyip, suyunu bırakıp çekene dek kavuralım.
Küp doğranmış soğanları ekleyip pembeleşene
dek kavurmaya devam edelim. Unu ekleyip
sararana dek 1/2 dk. daha karıştırarak
kavuralım. Etlerin üzerini 2 parmak aşacak
kadar sıcak su ekleyip ağır ateşte etler hafifçe
yumuşayana dek pişirelim. İnce dilimlenmiş
havucu, kuşbaşı doğranmış kabakları ve dörde
kesilmiş mantarları ekleyerek ağır ateşte 10 dk.
daha pişirmeye devam edelim. Sonra kuşbaşı
iriliğinde doğranmış patatesleri ekleyip 10 dk.
daha pişirelim. Sonra küp doğranmış
domatesleri, tuzu, karabiberi, gerekirse
biraz daha sıcak suyu ekleyip ağır ateşte,
etler ve sebzeler yumuşayana dek
pişirelim. Ilıtarak servis yapalım.

ETLİ TÜRLÜ

MALZEMELER

350 gr. kuşbaşı dana eti
1 orta boy patlıcan
1 orta boy kabak
1 orta boy havuç
200 gr. bezelye (haşlanmış)
2-3 sivribiber
2 orta boy soğan
4-5 diş sarmısak
2 orta boy domates
2 çorba kaşığı tereyağı veya margarin (40 gr.)
1 su bardağı sıvı yağ
tuz, karabiber
★★ **4-5 kişilik**

HAZIRLANIŞI

Patlıcanları alacalı soyup kuşbaşı iriliğinde doğrayalım. Tuzlu suda 1/2 saat bekleterek yıkayıp kuruladıktan sonra harlı ateşte ve kızdırılmış sıvı yağda hafifçe renk alana dek kızartalım. Kabakları soyup kuşbaşı iriliğinde doğrayarak aynı yağda hafifçe renk alana dek kızartalım. Havucu kuşbaşı iriliğinde doğrayıp aynı yağda hafifçe renk alana dek kızartalım. Tencereye tereyağını alıp eritelim. Etleri ekleyip suyunu bırakıp çekene dek kavuralım. Küp doğranmış soğanı ve sarmısakları ekleyip pembeleşene dek kavurmaya devam edelim. Rendelenmiş domatesleri ekleyerek 1/2 dk. daha kavuralım. Etlerin üzerine havuçları ve kabakları, üzerine doğranmış sivribiberleri ve patlıcanları, üzerine haşlanmış bezelyeleri yayalım. Tuzu, karabiberi ve sebzelerin üzerini hafifçe aşacak kadar sıcak suyu ekleyerek ağır ateşte ve karıştırmadan etler ve sebzeler yumuşayana dek pişirelim. Türlüyü ateşten alıp ılıtarak servis yapalım.

SÜLBİYE

(AKŞEHİR YEMEĞİ)

MALZEMELER

350 gr. kuşbaşı dana eti

250 gr. arpacık soğan

8-10 diş sarmısak

2 çorba kaşığı tereyağı

veya margarin (40 gr.)

1 çorba kaşığı salça

1 su bardağı nohut (haşlanmış)

(arzuya göre) 1/2 demet dereotu

1 tatlı kaşığı kimyon

tuz, karabiber

★ **4-5 kişilik**

HAZIRLANIŞI

Tencereye tereyağını alıp eritelim. Etleri ekleyelim ve suyunu bırakıp çekene dek kavuralım. Arpacık soğanları ve sarmısakları doğramadan ekleyerek soğanlar şeffaflaşana dek arada bir karıştırarak kavurmaya devam edelim. Salçayı ekleyip 1-2 dk. daha kavuralım. Tuzu, baharatları, haşlanmış nohutları, etlerin ve sebzelerin üzerni hafifçe aşacak kadar sıcak suyu ekleyerek ağır ateşte etler ve sebzeler yumuşayana dek pişirelim. Arzuya göre üzerine kıyılmış dereotu serperek servis yapalım.

Kış Türlüsü

MALZEMELER

350 gr. kuşbaşı dana eti

2 orta boy soğan

1 orta boy havuç

(arzuya göre) 2 orta boy şalgam

2 orta boy patates

5-6 diş sarmısak

2 çorba kaşığı terayağı

veya margarin (50 gr.)

2 orta boy domates

tuz, karabiber, kimyon

★ 4-5 kişilik

HAZIRLANIŞI

Etleri basınçlı bir tencereye alıp üzerini bir parmak aşacak kadar sıcak su ekleyerek yumuşayana dek haşlayalım. Soğanları piyaz doğrayıp güveç bir tencereye yayalım. Etleri delikli kepçe ile alıp soğanların üzerine yayalım. Bir kabın içine soyulmuş havucu, şalgamı, patatesleri kuşbaşı iriliğinde doğrayalım. Tuz ve baharatları, doğranmış sarmısakları ekleyip karıştıralım ve etlerin üzerine yayalım. Sebzelerin üzerine yuvarlak dilimlenmiş domatesleri ve küçük parçalar halinde tereyağını ekleyelim. Etlerin haşlanma suyunu da ekleyip güveç tencerenin ağzını alüminyum folyo ile kapatalım. Kapağını da örterek türlüyü ağır ateşte karıştırmadan pişirelim. Güveç tencereyi ateşten alıp ılıtalım, ters çevirip etler üst üste kalacak şekilde servis tabağına çıkaralım.

Papaz Yahnisi

MALZEMELER

1/2 kg. kuşbaşı dana eti

250 gr. arpacık soğan

2 çorba kaşığı tereyağı veya margarin (40 gr.)

7-8 diş sarmısak

2 çorba kaşığı sirke

yenibahar, tarçın, kimyon, kırmızıbiber

(birer çay kaşığı)

tuz

★ 4-5 kişilik

HAZIRLANIŞI

Tencereye tereyağını alıp eritelim. Etleri ekleyelim ve suyunu bırakıp çekene dek kavuralım. Arpacık soğanlarını ve sarmısakları doğramadan ekleyelim, soğanlar şeffaflaşana dek arada bir karıştırarak kavurmaya devam edelim. Sirkeyi, etlerin ve sebzelerin üzerini hafifçe aşacak kadar sıcak suyu, tuzu ve baharatları ekleyip ağır ateşte etler ve sebzeler yumuşayana dek pişirelim. Yahniyi ateşten alıp ılıtarak servis yapalım.

Dağar Kebabı

(Çömlek Kebabı-Balıkesir Yemeği)

MALZEMELER

350 gr. kuşbaşı dana eti

250 gr. arpacık soğan

8-10 diş sarmısak

3 orta boy patates

1 çorba kaşığı salça

2 çorba kaşığı tereyağı veya margarin (40 gr.)

(arzuya göre) 200 gr. kestane

tuz, karabiber, kimyon

★ 4-5 kişilik

HAZIRLANIŞI

Güveç tencereye tereyağını alıp eritelim. Etleri ekleyelim ve suyunu bırakıp çekene dek kavuralım. Kabukları soyulmuş arpacık soğanları ve sarmısakları doğramadan ekleyelim, soğanlar şeffaflaşana dek kavuralım. Salçayı, tuzu, baharatları ekleyip birkaç kez çevirelim. 4'e kesilmiş patatesleri, kabukları soyulmuş kestaneleri, etlerin ve sebzelerin üzerini hafifçe aşacak kadar sıcak suyu ekleyip tencerenin ağzını alüminyum folyo ile kapatarak kapağını örtelim. Çok ağır ateşte ve karıştırmadan etler ve sebzeler yumuşayana dek pişirelim. (1 saat kadar sonra folyonun kenarını kaldırın, etlerin pişip pişmediğini kontrol edin.) Kebabı ateşten alıp ılıtarak servis yapalım.

HÜNKÂRBEĞENDİ

MALZEMELER
Kebabı için
1/2 kg. kuşbaşı koyun eti (yağsız)
3/4 çay bardağı sıvı yağ
tuz, karabiber
Beğendisi için
6 orta boy patlıcan
5 çorba kaşığı un (silme)
2,5 su bardağı süt
2 çorba kaşığı tereyağı veya margarin (50 gr.)
75 gr. kaşar rendesi
1/2 limon suyu, tuz
★★ 4-5 kişilik

HAZIRLANIŞI
Tencereye sıvı yağı alalım. Etleri ekleyelim ve suyunu bırakıp çekene dek kavuralım. Etlerin üzerini 1 parmak aşacak kadar sıcak su ve tuz ekleyerek ağır ateşte etler yumuşayana dek pişirelim. Bu arada kebabın beğendisini hazırlayalım. Patlıcanları birkaç yerinden çatalla delip kabuklu olarak kızgın sıvı yağda arkalı önlü kızartalım. Kabuklarını soyarak limonlu suda 5 dk. bekletelim. Patlıcanları limonlu sudan alıp suyunu süzerek çok ince bir şekilde doğrayalım. Tavaya tereyağını alıp eriterek unu ekleyelim. Un hafifçe sararana dek sürekli karıştırarak kavuralım. Sonra kıyılmış patlıcanları, tuzu ve sıcak sütü ekleyip çırpma teli ile sürekli karıştırarak beğendi koyulaşana dek pişirelim. Ateşten almadan 1 dk. önce kaşar rendesini ekleyip karıştıralım. Beğendiyi servis tabağına yayıp ortasını açalım. Ortasına kebabı boşaltıp dereotu ve biber dilimleri ile süsleyerek servis yapalım.

ERİKLİ KEBAP
(OSMANLI MUTFAĞINDAN)

MALZEMELER
350 gr. kuşbaşı koyun eti (yağsız)
150 gr. kuru erik (akşamdan ıslatılmış)
2 orta boy soğan
3-4 sivribiber
2 orta boy domates

2 çorba kaşığı tereyağı veya margarin (40 gr.)
tuz, karabiber
★ 4-5 kişilik

HAZIRLANIŞI
Tencereye tereyağını alıp eritelim. Etleri ekleyerek, suyunu bırakıp çekene dek kavuralım. Küp doğranmış soğanları ekleyip pembeleşene dek kavurmaya devam edelim. Küçük doğranmış biberleri, kuşbaşı iriliğinde doğranmış domatesleri, tuzu, karabiberi ve etlerin üzerini 2 parmak aşacak kadar sıcak suyu ekleyip ağır ateşte etler yumuşayana dek pişirelim. Yemeği ateşten almadan 10 dk. önce, akşamdan ıslatılmış erikleri ekleyelim. Yemeği ateşten alıp ılıtarak servis yapalım.

YOĞURTLU KEBAP

MALZEMELER
350 gr. kuşbaşı koyun eti
2 orta boy soğan
5-6 diş sarmısak
2 orta boy domates
3 orta boy patates
2-3 sivribiber
1/2 su bardağı sıvı yağ
(patatesleri kızartmak için)
250 gr. yoğurt
2 çorba kaşığı tereyağı veya margarin (40 gr.)
tuz, karabiber
★ 4-5 kişilik

HAZIRLANIŞI
Tencereye tereyağını alıp eritelim. Etleri ekleyelim ve suyunu bırakıp çekene dek kavuralım. Küp doğranmış soğanları ve sarmısakları ekleyip pembeleşene dek kavurmaya devam edelim. Doğranmış sivribiberleri ve küp doğranmış domatesleri ekleyip 1-2 dk. daha kavuralım. Tuzu, karabiberi ve etlerin üzerini 2 parmak aşacak kadar sıcak suyu ekleyerek ağır ateşte etler yumuşayana dek pişirelim. Kebabı ateşten alıp ılıtalım. Patatesleri parmak şeklinde doğrayıp kızdırılmış sıvı yağda kızartalım ve servis tabağına yayalım. Üzerine yoğurdu gezdirelim. Üzerine ılıttığımız kebabı, sosu ile yayarak servis yapalım.

PİRİNÇLİ YAHNİ

(ANNEANNEMİN YEMEĞİ)

MALZEMELER

350 gr. kuşbaşı koyun eti (yağsız)
2 orta boy soğan
3-4 sivribiber
2 orta boy domates
2 çorba kaşığı tereyağı veya margarin (40 gr.)
1 çay bardağı pirinç
tuz, karabiber
★ **4-5 kişilik**

HAZIRLANIŞI

Tencereye tereyağını alıp eritelim. Etleri ekleyelim ve suyunu bırakıp çekene dek kavuralım. Küp doğranmış soğanları ekleyip pembeleşene dek kavurmaya devam edelim.

Doğranmış sivribiberleri ve küp doğranmış domatesleri ekleyerek 2-3 dk. daha kavuralım. Etlerin ve sebzelerin üzerine iki parmak aşacak kadar sıcak suyu, tuzu ve karabiberi ekleyerek, ağır ateşte etler yumuşayana dek pişirelim. Sonra yıkanmış pirinçleri ekleyip pirinçler yumuşayana dek pişirmeye devam edelim. Yahniyi ateşten alıp ılıtarak servis yapalım.

> *Yahninin hafifçe sulu olması için, pişme esnasında suyu azaldı ise sıcak su ekleyerek pişirmeye devam edin.*

KONYA TİRİDİ

MALZEMELER

1/2 kg. kuşbaşı bonfilelik dana eti
2 çorba kaşığı tereyağı veya margarin (50 gr.)
2 adet pide
1/2 kg. süzme yoğurt
2 orta boy soğan
1/2 demet maydanoz
tuz, karabiber, kimyon

★ 4-5 kişilik

HAZIRLANIŞI

Tencereye tereyağını alıp eritelim. Etleri
ekleyerek suyunu bırakıp çekene dek kavuralım.
Etlerin üzerini 2 parmak aşacak kadar sıcak
suyu, tuzu ve baharatları ekleyerek ağır ateşte
etler yumuşayana dek pişirelim. Bu arada
pideleri bir lokmalık kareler halinde kesip
fırında hafifçe kıtırlaştıralım ve servis tabağına
yayalım. Etleri ateşten alıp ılıtarak suyuyla
birlikte pidelerin üzerine yayalım. Üzerine
yoğurdu yayalım. Piyaz doğranmış soğanları
tuz ile ovarak yıkayıp suyunu süzelim.
Yoğurdun üzerine soğanları yayalım,
üzerine kıyılmış maydanozu ekleyerek
servis yapalım.

PİLAVLI DAVET KEBABI

MALZEMELER

350 gr. kuşbaşı dana eti
4 orta boy patlıcan
2 orta boy soğan
2 orta boy domates
2-3 sivribiber
2 çorba kaşığı tereyağı veya margarin (40 gr.)
1/2 su bardağı sıvı yağ (kızartmak için)
250 gr. mantar
tuz, karabiber, kimyon
Pilavı için
2 su bardağı pirinç
2,5 su bardağı et suyu veya su
2 çorba kaşığı tereyağı veya margarin (40 gr.)
tuz

★★★ 5-6 kişilik

HAZIRLANIŞI

Pirinçleri ılık, tuzlu suda 1/2 saat bekletelim. Patlıcanları alacalı soyup 0.1 mm. kalınlığında uzunlamasına dilimleyelim. Tuzlu suda yarım saat bekleterek yıkayıp kurulayalım ve kızgın sıvı yağda hafifçe kızartalım. Etleri basınçlı bir tencereye alıp tuz ve baharatları, üzerini iki parmak aşacak kadar sıcak suyu ekleyerek ağır ateşte etler yumuşayana dek haşlayalım. Haşlanan etleri delikli kepçe ile tencereden alıp bekletelim. Bir tencereye tereyağını alıp eritelim. Küp doğranmış soğanları ekleyerek pembeleşene dek kavuralım. Dilimlenmiş mantarları ekleyerek suyunu bırakıp çekene dek kavurmaya devam edelim. Tavla zarı iriliğinde doğranmış domatesi ve sivribiberleri, haşlanmış etleri, tuzu, karabiberi ekleyerek 3-4 dk. daha pişirelim. Patlıcan dilimlerini yuvarlak tabanlı bir tencereye bir uçları dışarı sarkacak ve orta kısmı hafifçe boş kalacak şekilde aralıksız dizelim. Etli harcı ortadaki boşluğa yayalım. Pirinçleri nişastası gidene dek birkaç su yıkayıp suyunu iyice süzerek etlerin üzerine yayalım. Sıcak suyu ve tuzu ekleyip patlıcanların uçlarını pirinçlerin üzerine döndürelim. Yağı eritip pirinçlerin üzerine gezdirelim, ağır ateşte pirinçler suyunu çekene dek pişirelim. Tencereyi ateşten alıp ılıtalım.

Etler üstte kalacak şekilde yemeğin şeklini bozmadan ters çevirerek servis tabağına çıkaralım ve servis yapalım.

KOLAY İSKENDER KEBABI

MALZEMELER

1/2 kg. kuşbaşı koyun eti (yağsız but eti)
2 çorba kaşığı tereyağı veya margarin (50 gr.)
1 orta boy domates
1 çorba kaşığı salça
6-7 sivribiber
1/2 kg. yoğurt
2 orta boy soğan
3-4 diş sarmısak
tuz, karabiber
2 adet pide

★ 4 5 kişilik

HAZIRLANIŞI

Tencereye tereyağını alıp eritelim. Etleri ekleyelim ve suyunu bırakıp çekene dek kavuralım. Küp doğranmış soğanları ekleyip pembeleşene dek kavurmaya devam edelim. Doğranmış sivribiberleri ve kuşbaşı iriliğinde doğranmış domatesleri ekleyip 1-2 dk. daha kavuralım. Salçayı ekleyip birkaç kez çevirelim. Etlerin ve sebzelerin üzerini 2 parmak aşacak kadar sıcak suyu, tuzu ve karabiberi ekleyip ağır ateşte etler yumuşayana dek pişirelim. Kebabı ateşten alıp ılıtalım. Pideleri fırında hafifçe ısıtarak bir lokmalık kareler halinde kesip servis tabağına yayalım. Üzerine kebabı yayıp sarmısaklı yoğurdu gezdirerek servis yapalım.

ET PAÇASI

MALZEMELER

1/2 kg. kuşbaşı dana eti
Yoğurt sosu için
1 yumurta
2 çorba kaşığı un
2 su bardağı et suyu veya su
4-5 diş sarmısak
2 çorba kaşığı sirke, tuz
2 çorba kaşığı yoğurt
2 çorba kaşığı tereyağı veya margarin (50 gr.)
tuz, kırmızıbiber
★ **4-5 kişilik**

HAZIRLANIŞI

Etleri basınçlı bir tencereye alalım ve suyunu bırakıp çekene dek kavuralım. Etlerin üzerini 1 parmak aşacak kadar sıcak su ve tuz ekleyelim, ağır ateşte etler yumuşayana dek pişirelim. Ayrı bir tencereye unu, et suyunu, dövülmüş sarmısakları, sirkeyi ve yoğurdu ekleyerek çırpma teli ile karıştıralım. Ağır ateşte ve sürekli karıştırarak sos koyulaşana dek pişirelim. Sosu ateşten almadan 5 dk. önce tuzunu ekleyelim. Etleri suyu ile birlikte servis tabağına alalım. Tereyağını eritip kırmızıbiber ekleyerek ateşten alalım. Etlerin üzerine yoğurtlu sosu, üzerine tereyağını gezdirip servis yapalım.

PATLICANLI GÜVEÇ KEBABI

MALZEMELER

1/2 kg. kemikli kuşbaşı koyun eti (yağsız)

4 orta boy patlıcan

2 orta boy soğan

8-10 diş sarmısak

2 orta boy domates

4-5 sivribiber

2 çorba kaşığı tereyağı veya margarin (60 gr.)

1 tatlı kaşığı kimyon

tuz, karabiber

★ 5-6 kişilik

HAZIRLANIŞI

Patlıcanları alacalı soyarak kuşbaşı iriliğinde doğrayıp bir kaba alalım. İçine piyaz doğranmış soğanları, sarmısak dişlerini, kuşbaşı doğranmış domatesleri, doğranmış sivribiberleri, tuzu ve baharatları ekleyerek karıştıralım. Güveç tencereye tereyağının yarısını alıp eritelim. Etleri ekleyerek suyunu bırakıp çekene dek kavuralım. Etlerin üzerine sebzeleri ve 1,5 kahve fincanı sıcak suyu ekleyelim. Kalan tereyağını küçük parçalar halinde sebzelerin üzerine yerleştirelim. Tencerenin ağzını alüminyum folyo ile örtüp kapağını kapatalım. Ağır ateşte etler ve sebzeler yumuşayana dek pişirelim. Alüminyum folyonun kenarını açarak etlerin pişip pişmediğini kontrol edelim, kebabı ateşten alalım. Tencereyi ters çevirelim, etler üstte kalacak şekilde kebabı servis tabağına çıkarıp servis yapalım.

ÇOBAN KAVURMA

MALZEMELER

1/2 kg. kuşbaşı et (but veya koldan yağsız koyun eti veya but tarafından dana eti)

2 çorba kaşığı tereyağı veya margarin (50 gr.)

4-5 dal taze soğan

tuz, karabiber, kekik

1/2 demet dereotu

★ 4-5 kişilik

HAZIRLANIŞI

Tencereye tereyağını alıp eritelim. Etleri ekleyerek suyunu bırakıp çekene dek kavuralım. Taze soğanların beyaz kısımlarını iri şekilde doğrayıp ekleyelim. Tuz ve baharatları da ekleyerek, etler iyice yumuşayana dek ara sıra karıştırarak kavurmaya devam edelim. Üzerine kıyılmış dereotu serperek servis yapalım.

ŞARK USULÜ SAHANDA ET

MALZEMELER

1/2 kg. kuşbaşı dana eti

2 çorba kaşığı tereyağı veya margarin (40 gr.)

tuz, karabiber, kekik

Soğan sosu için

2 orta boy soğan

1/2 çorba kaşığı biber salçası

1/2 çorba kaşığı domates salçası

5 çorba kaşığı sıvı yağ

1/2 su bardağı sıcak su

1/2 demet dereotu

tuz

★ 4-5 kişilik

HAZIRLANIŞI

Bir kabın içine etleri ve rendelenmiş soğanları ekleyip karıştırarak buzdolabında en az 4-5 saat bekletelim. Tencereye tereyağını alıp eritelim. Etleri yıkamadan ekleyerek suyunu bırakıp çekene dek kavuralım. Tuzu, baharatları ve etlerin üzerini 2 parmak aşacak kadar sıcak su ekleyerek, ağır ateşte etler yumuşayana dek pişirelim. Bir tavaya sıvı yağı alalım. Küp doğranmış soğanları ekleyerek pembeleşene dek kavuralım. Biber ve domates salçasını ekleyip 1-2 dk. daha kavurmaya devam edelim. Tuzu ve sıcak suyu ekleyip sosu bir iki taşım kaynatarak ateşten alalım. Etleri servis tabağına alalım, üzerine soğanlı sosu gezdirip kıyılmış dereotu serperek servis yapalım.

BAHARLI ET YAHNİSİ

MALZEMELER

1/2 kg. kemikli kuşbaşı koyun eti (yağsız)
2 orta boy soğan
4-5 karanfil
tarçın, yenibahar, kekik, karabiber (yarımşar çay kaşığı)
2 çorba kaşığı tereyağı veya margarin (40gr.)
2 defne yaprağı
5 orta boy patates
1 su bardağı sıvı yağ
tuz

★ 4-5 kişilik

HAZIRLANIŞI

Tencereye tereyağını alıp eritelim. Etleri ekleyerek suyunu bırakıp çekene dek kavuralım. Bir kabın içine küp doğranmış soğanları, karanfili, ufalanmış defne yapraklarını ve baharatları ekleyip karıştıralım. Karışımı temiz bir tülbent parçasına sarıp çıkı yapalım. Baharatlı çıkıyı etlerin üzerine yerleştirelim. Etlerin üzerine 2 parmak aşacak kadar sıcak suyu ve tuzu ekleyerek ağır ateşte etler yumuşayana dek pişirelim. Yahniyi ateşten alıp ılıtarak içindeki baharatlı çıkıyı atalım. Patatesleri elma dilimleri gibi dilimleyip kızgın sıvı yağda kızartarak servis tabağına yayalım. Üzerine etleri suyu ile birlikte boşaltıp servis yapalım.

ÇAĞLA AŞI
(GAZİANTEP YEMEĞİ)

MALZEMELER

350 gr. kuşbaşı dana eti
250 gr. çağla
1 su bardağı nohut (akşamdan ıslatılmış)
5 çorba kaşığı süzme yoğurt
1 yumurta
1 çorba kaşığı tereyağı veya margarin (20 gr.)
2 orta boy soğan
1/2 çay bardağı sıvı yağ
tuz, kırmızıbiber
(arzuya göre) 1 tatlı kaşığı haspir

★ 4-5 kişilik

HAZIRLANIŞI

Nohutları birkaç su yıkayıp akşamdan sıcak su ile ıslatalım. Basınçlı bir tencereye sıvı yağı alalım. Etleri ekleyip suyunu bırakıp çekene dek kavuralım. Küp doğranmış soğanları ekleyerek pembeleşene dek kavuralım. Nohutları ve üzerini iki parmak aşacak kadar sıcak suyu ekleyerek ağır ateşte etler ve nohutlar yumuşayana dek pişirelim. Bu arada çağlaları ortadan kesip ayıklayıp yıkayalım. Etler ve nohutlar piştiğinde çağlaları ilave ederek 15 dk. daha pişirelim. Bir kapta yoğurdu, yumurtayı ve 1 kepçe yemeğin suyunu birleştirip çırpalım. Karışımı azar azar ve sürekli karıştırarak ilave edelim. Yemeği bir taşım daha karıştırarak kaynatıp tuzu ekleyelim ve ateşten alalım. Tereyağını eritip haspir ve kırmızıbiberi ekleyelim. Ateşten alarak yemeğin üzerine gezdirip servis yapalım.

> **H**aspir, yörede kullanılan bir bitki yaprağıdır.
>
> **Y**oğurtlu yemeklerde tuz, sonradan ilave edilmelidir, yoksa yoğurt kesilebilir.

MEFTUNE

350 gr. kuşbaşı et (bonfilelik et tercih edilir)

2 orta boy soğan

2 orta boy domates

3 orta boy patlıcan

2-3 sivribiber

5-6 diş sarmısak

2 çorba kaşığı tereyağı veya margarin (40 gr.)

1 su bardağı sıvı yağ

tuz, karabiber

★ **4-5 kişilik**

HAZIRLANIŞI

Patlıcanları alacalı soyup kuşbaşı iriliğinde doğrayarak tuzlu suda 1/2 saat bekletelim. Tencereye tereyağını alıp eritelim.

Etleri ekleyerek suyunu bırakıp çekene dek kavuralım. Küp doğranmış soğanları ve sarmısak dişlerini ekleyerek pembeleşene dek kavurmaya devam edelim. Tuzu ve etlerin üzerini 2 parmak aşacak kadar sıcak suyu ekleyerek, ağır ateşte etler yumuşayana dek pişirelim. Bu arada patlıcanları yıkayıp kurulayarak kızgın sıvı yağda hafifçe kızartalım. Delikli kepçe ile alıp etlerin üzerine yayalım. Doğranmış sivribiberleri, rendelenmiş domatesleri, tuzu ve karabiberi ekleyerek ağır ateşte ve karıştırmadan 20-25 dk. daha pişirelim. Tencereyi ateşten alıp ılıtalım, ters çevirip etler üstte kalacak şekilde yemeği servis tabağına çıkarıp servis yapalım.

ŞİVEYDİZ

(GAZİANTEP YEMEĞİ)

MALZEMELER

1/2 kg. kemikli kuşbaşı koyun eti (yağsız)
2 su bardağı nohut (akşamdan ıslatılmış)
5 çorba kaşığı süzme yoğurt
1 yumurta
1/2 kg. taze sarmısak (beyaz kısımları)
2 çorba kaşığı tereyağı veya margarin (50 gr.)
1 tatlı kaşığı haspir veya kuru nane
tuz

⭐ **5-6 kişilik**

HAZIRLANIŞI

Nohutları birkaç su yıkayıp akşamdan sıcak su
ile ıslatalım. Ertesi gün suyunu süzüp basınçlı
bir tencereye alalım. Kemikli parça etleri ve
üzerlerini 3 parmak aşacak kadar sıcak suyu ve
tuzu ekleyerek ağır ateşte nohutlar ve etler
yumuşayana dek pişirip ateşten alalım.
Bir kapta yumurtayı, yoğurdu, 1 kepçe
yemeğin suyunu birleştirip çırpalım. Karışımı
azar azar ve sürekli karıştırarak ilave edelim.
Sarmısakların beyaz kısımlarını iri doğrayarak
ekleyelim. Yemeği bir taşım daha karıştırarak
kaynatıp tuzu ekleyerek ateşten alalım.
Tereyağını eritip haspir veya nane ekleyelim.
Ateşten alarak yemeğin üzerine gezdirip servis
yapalım.

> **H**aspir, yörede kullanılan bir bitki
> yaprağıdır.
>
> **Y**oğurtlu yemeklerde tuz,
> sonradan ilave edilmelidir, yoksa
> yoğurt kesilebilir.

BOZARTMA

(KARS YEMEĞİ)

MALZEMELER

350 gr. kuşbaşı koyun eti (yağsız)
4-5 dal taze soğan
350 gr. yoğurt
3-4 diş sarmısak
2 çorba kaşığı tereyağı veya margarin (40 gr.)
tuz, karabiber

⭐ **4-5 kişilik**

HAZIRLANIŞI

Tencereye tereyağını alıp eritelim. Etleri
ekleyelim, suyunu bırakıp çekene dek
kavuralım. Etlerin üzerini 2 parmak aşacak
kadar sıcak suyu, tuzu ve karabiberi ekleyip
ağır ateşte etler yumuşayana dek pişirelim.
Yemeği ateşten almadan 10 dk. önce iri
doğranmış taze soğanları ekleyelim. Yemeği
ılıtarak servis tabağına alalım. Üzerine
sarmısaklı yoğurt gezdirerek servis yapalım.

HAŞLAMA

MALZEMELER

1/2 kg. kemikli haşlamalık koyun eti (yağsız)
200 gr. arpacık soğan
1 orta boy havuç
1 orta boy kereviz
1 orta boy patates
2-3 defne yaprağı
2 çorba kaşığı tereyağı veya margarin (50 gr.)
3-4 diş sarmısak
tuz, karabiber

⭐ **4-5 kişilik**

HAZIRLANIŞI

Tencereye tereyağını alıp eritelim. Etleri
ekleyip suyunu bırakıp çekene dek kavuralım.
Arpacık soğanları, yuvarlak dilimlenmiş
havucu, iri doğranmış kerevizi, patatesi,
sarmısak dişlerini, tuzu, karabiberi, defne
yapraklarını, sebzelerin ve etlerin üzerini 2
parmak aşacak kadar sıcak suyu ekleyip ağır
ateşte etler ve sebzeler yumuşayana dek
pişirelim. Haşlamayı ateşten alıp defne
yapraklarını çıkararak servis yapalım.

BABAMIN YAHNİSİ

(RAHMETLİ BABAMIN YEMEĞİ)

MALZEMELER

1/2 kg. pirzola

3 orta boy soğan

2 orta boy patates

1 orta boy patlıcan

2 orta boy domates

4-5 diş sarmısak

4-5 sivribiber

2 çorba kaşığı tereyağı veya margarin (40 gr.)

tuz, karabiber, kekik

★ **4-5 kişilik**

HAZIRLANIŞI

Yayvan bir tencereye piyaz doğranmış soğanların yarısını yayalım. Pirzolalara arkalı önlü tuz, karabiber ve kekik serperek soğanların üzerine yerleştirelim. Üzerine kalan soğanları yayalım. Üzerine yuvarlak dilimlenmiş patatesleri dizelim. Üzerine yuvarlak dilimlenmiş patlıcanları dizelim. Üzerine yuvarlak dilimlenmiş domatesleri dizelim. Üzerine 2'ye kesilmiş sivribiberleri, doğranmış sarmısakları ekleyip tuz ve karabiber serpelim. Tereyağını küçük parçalar halinde sebzelerin üzerine yerleştirip ağır ateşte etler ve sebzeler yumuşayana dek pişirerek servis yapalım.

TARAKLI TAVA

(ANTEP YEMEĞİ)

MALZEMELER

1/2 kg. kuşbaşı dana eti
2 çorba kaşığı tereyağı veya margarin (50 gr.)
2 orta boy soğan
1 çorba kaşığı salça
2 çorba kaşığı nar ekşisi veya 1/4 limon suyu
6-7 diş sarmısak
tuz, karabiber
★ **4-5 kişilik**

HAZIRLANIŞI

Tencereye tereyağını alıp eritelim. Etleri ekleyelim, suyunu bırakıp çekene dek kavuralım. Piyaz doğranmış soğanları ve doğranmış sarmısakları ekleyip pembeleşene dek kavurmaya devam edelim. Salçayı ekleyelim, birkaç kez çevirerek etlerin üzerini iki parmak aşacak kadar sıcak suyu, tuz ve karabiberi ekleyip ağır ateşte etler yumuşayana dek pişirelim. Yemeği ateşten alıp ılıtarak üzerine nar ekşisi veya limon suyu gezdirip servis yapalım.

İKİ RENKLİ KEBAP

MALZEMELER

250 gr. tavuk biftek
250 gr. dana bonfile
2 çorba kaşığı dolmalık fıstık
200 gr. mantar
3 çorba kaşığı krema
2 çorba kaşığı tereyağı veya margarin (40 gr.)
tuz, karabiber
★ **5-6 kişilik**

HAZIRLANIŞI

Tencereye tereyağını alıp eritelim. Dolmalık fıstıkları ekleyip pembeleşinceye dek kavurarak delikli kepçeyle çıkaralım. Bonfile eti ince uzun dilimler halinde (Jülyen) doğrayarak ekleyip suyunu bırakıp çekene dek kavuralım. Tavuk biftekleri ince uzun dilimler halinde (Jülyen) doğrayıp ekleyelim. 2-3 dk. daha kavurarak tuzu, karabiberi ekleyip ağır ateşte

etler iyice yumuşayana dek kavuralım. İnce uzun dilimlenmiş mantarları ekleyelim, suyunu bırakıp çekene dek kavurmaya devam edelim. Kremayı ve fıstıkları ekleyip 1-2 dk. daha pişirerek kebabı ateşten alalım. Ilıtarak servis yapalım.

ENGİNARLI KUZU KEBABI

(EGE BÖLGESİ YEMEĞİ)

MALZEMELER

350 gr. kuşbaşı koyun eti (yağsız)
4 orta boy enginar (temizlenmiş)
150 gr. arpacık soğan
2 çorba kaşığı tereyağı veya margarin (50 gr.)
2 tatlı kaşığı limon suyu
1/2 demet dereotu
tuz, karabiber
★ **4-5 kişilik**

HAZIRLANIŞI

Temizlenmiş enginarları 4'e keserek tencereye alalım. Üzerlerini hafifçe aşacak kadar su ve limon suyu ekleyerek enginarlar yumuşayana dek haşlayıp ateşten alalım. Bir tencereye tereyağını alıp eritelim. Etleri ekleyelim, suyunu bırakıp çekene dek kavuralım. Soyulmuş arpacık soğanları ekleyip arada bir karıştırarak soğanlar şeffaflaşana dek kavurmaya devam edelim. Etlerin ve soğanların üzerini 2 parmak aşacak kadar enginarların haşlanma suyunu, tuzu, karabiberi ekleyip ağır ateşte etler yumuşayana dek pişirelim. Kebabı ateşten almadan 10 dk. önce enginarları ekleyelim. Üzerine kıyılmış dereotu serperek servis yapalım.

İMAM YAHNİSİ

(PATATESLİ YAHNİ)

MALZEMELER

350 gr. kuşbaşı dana eti
4 orta boy patates
2 çorba kaşığı tereyağı veya margarin (40 gr.)
1/2 su bardağı sıvı yağ
2 orta boy soğan
6-7 diş sarmısak
tuz, karabiber
★ **4-5 kişilik**

HAZIRLANIŞI

Tencereye tereyağını alıp eritelim. Etleri ekleyerek suyunu bırakıp çekene dek kavuralım. Küp doğranmış soğanları ve sarmısak dişlerini ekleyip pembeleşene dek kavurmaya devam edelim. Etlerin üzerini 2 parmak aşacak kadar sıcak suyu, tuzu ve karabiberi ekleyip ağır ateşte etler yumuşayana dek pişirelim. Bu arada patatesleri soyup küp doğrayalım. Kızdırılmış sıvı yağda hafifçe renk alana dek kızartıp delikli kepçe ile alalım. Yahniyi ateşten almadan 5 dk. önce patatesleri ekleyelim. Ilıtarak servis yapalım.

KURBAN YAHNİSİ

MALZEMELER

350 gr. kemikli kuşbaşı koyun eti (yağsız)
3 orta boy patates
1 çorba kaşığı salça
2 çorba kaşığı tereyağı veya margarin (50 gr.)
250 gr. arpacık soğan
1/2 demet dereotu
4-5 diş sarmısak
tuz, pulbiber, karabiber
★ **4-5 kişilik**

HAZIRLANIŞI

Tencereye tereyağını alıp eritelim. Etleri ekleyelim, suyunu bırakıp çekene dek kavuralım. Soyulmuş arpacık soğanları, sarmısak dişlerini ekleyip arada bir karıştırarak soğanlar şeffaflaşana dek kavurmaya devam edelim. Salçayı ekleyip 1/2 dk. daha kavuralım. Etlerin üzerini 2 parmak aşacak kadar sıcak suyu, tuzu ve baharatları ekleyip ağır ateşte etler hafifçe yumuşayana dek pişirelim. Sonra elma dilimleri gibi doğranmış patatesleri ekleyerek ağır ateşte etler ve patatesler yumuşayana dek pişirmeye devam edelim. Üzerine kıyılmış dereotu serperek servis yapalım.

EKŞİLİ YAHNİ

(KARS YEMEĞİ)

MALZEMELER

1/2 kg. kuşbaşı koyun eti (yağsız)
2 çorba kaşığı tereyağı veya margarin (50 gr.)
2 orta boy soğan
2 orta boy domates
1 çorba kaşığı limon suyu
1/2 demet dereotu
tuz, karabiber
★ **4-5 kişilik**

HAZIRLANIŞI

Tencereye tereyağını alıp eritelim. Etleri ekleyerek suyunu bırakıp çekene dek kavuralım. Piyaz doğranmış soğanları ekleyip pembeleşene dek kavurmaya devam edelim. Rendelenmiş domatesleri ilave ederek 1-2 dk. daha kavuralım. Etlerin üzerini 1 parmak aşacak kadar sıcak suyu ekleyerek, ağır ateşte etler yumuşayana dek pişirelim. Yahniyi ateşten almadan 10 dk. önce tuzu, karabiberi, limon suyunu ekleyelim. Üzerine kıyılmış dereotu serperek servis yapalım.

KABURGA DOLMASI

(DİYARBAKIR YEMEĞİ)

MALZEMELER

1 adet koyun kaburgası
2 orta boy soğan
1 koyun böbreği
1/4 koyun karaciğeri
1/2 su bardağı pirinç
2 çorba kaşığı dolma fıstığı
2 çorba kaşığı tereyağı veya margarin (50 gr.)
1 çorba kaşığı kuşüzümü
tuz, karabiber
★★★ **7-8 kişilik**

HAZIRLANIŞI

Kaburga kemiği ile etli dokuyu keskin bir bıçakla birbirinden ayırarak bir cep oluşturalım. Tavaya tereyağını alıp eritelim. Küp doğranmış soğanları ve fıstıkları ekleyip soğanlar pembeleşene dek kavuralım. Tavla zarı iriliğinde doğranmış böbrek ve ciğerleri ekleyerek suyunu bırakıp çekene dek kavurmaya devam edelim. Yıkanmış pirinçleri ekleyip şeffaflaşana dek kavuralım. Kuşüzümlerini, tuzu, karabiberi ekleyerek ateşten alalım, pirinçli harcı kaburganın cep gibi açılan boşluğuna dolduralım. Kaburganın açıkta kalan kısmını temiz bir ip yardımı ile dikelim ve basınçlı bir tencereye yerleştirelim. Kaburganın yarısına gelecek kadar sıcak su ve tuz ekleyerek, ağır ateşte kaburganın etli kısmı yumuşayana dek pişirelim. Kaburga dolmasını delikli kepçe ile alıp fırın kabına yerleştirelim. Isıtılmış 200° ısılı fırında kaburganın üzeri nar gibi kızarana dek pişirip fırından alarak dilimleyip servis yapalım.

AKŞEHİR KEBABI

MALZEMELER

1/2 kg. kuşbaşı koyun eti (yağsız)
1 su bardağı nohut (akşamdan ıslatılmış)
4 orta boy patates
1 su bardağı sıvı yağ
1 çorba kaşığı tereyağı veya margarin (40 gr.)
tuz, karabiber
★ **4-5 kişilik**

HAZIRLANIŞI

Nohutları birkaç su yıkayalım, akşamdan sıcak su ile ıslatalım. Ertesi gün basınçlı bir tencereye tereyağını alıp eritelim. Etleri ekleyelim, suyunu bırakıp çekene dek kavuralım. Nohutları, tuzu, etlerin ve nohutların üzerini 2 parmak aşacak kadar sıcak suyu ekleyerek etler ve nohutlar yumuşayana dek pişirelim. Bu arada patatesleri soyup elma dilimleri gibi dilimleyerek kızdırılmış sıvı yağda hafifçe renk alana dek kızartalım, delikli kepçe ile servis tabağına alalım. Üzerine etli nohutları, suyu ile birlikte boşaltıp karabiber serperek servis yapalım.

KUZU KAPAMA

(OSMANLI MUTFAĞINDAN)

MALZEMELER

1/2 kg. kemikli kuşbaşı koyun eti (yağsız)
4-5 taze soğan
2 çorba kaşığı tereyağı veya margarin (50 gr.)
2 orta boy patates
1 orta boy havuç
1 iri boy marulun göbek kısmı
1/2 demet dereotu
tuz, karabiber
★ **5-6 kişilik**

HAZIRLANIŞI

Tencereye tereyağını eritelim. Etleri ekleyelim, suyunu bırakıp çekene dek kavuralım. Etlerin üzerini 2 parmak aşacak kadar sıcak suyu, tuzu, karabiberi ekleyerek ağır ateşte etler hafifçe yumuşayana dek pişirelim. Sonra kuşbaşı iriliğinde doğranmış patatesleri, yuvarlak dilimlenmiş havuçları, iri doğranmış taze soğanları ekleyerek ağır ateşte etler ve sebzeler yumuşayana dek pişirmeye devam edelim. Yemeği ateşten almadan 5 dk. önce iri doğranmış marul göbeğini ve kıyılmış dereotunu ekleyelim. Ilıtarak servis yapalım.

Fırında Pişen Et Yemekleri

Elbasan Tava
(Sebzeli)

MALZEMELER

350 gr. kuşbaşı et
(bonfilelik et tercih edilir)
1 orta boy havuç
2 orta boy soğan
1 orta boy patates
1 orta boy kabak
1 orta boy domates
3-4 diş sarmısak
1/2 çay bardağı sıvı yağ
Hamuru için
2 yumurta
1,5 su bardağı yoğurt
1,5 su bardağı un
1/2 paket kabartma tozu
tuz
★★ **5-6 kişilik**

HAZIRLANIŞI

Tencereye sıvı yağı alalım. Etleri ekleyerek suyunu bırakıp çekene dek kavuralım. Dilimlenmiş havuçları, küp doğranmış soğan ve sarmısakları ekleyerek 2-3 dk. daha kavuralım. Kuşbaşı iriliğinde doğranmış kabakları ekleyip 2-3 dk. daha kavurmaya devam edelim. Kuşbaşı iriliğinde doğranmış patatesleri ekleyerek birkaç kez çevirelim. Kuşbaşı iriliğinde doğranmış domatesleri, etlerin ve sebzelerin üzerini iki parmak aşacak kadar sıcak suyu ve tuzu ekleyip ağır ateşte etler ve sebzeler yumuşayana dek pişirelim. Tencereyi ateşten alalım. Sebzeli etli harcı delikli kepçe ile alıp margarinle yağlanmış fırın kabına yayalım. Bir kabın içinde yoğurdu, yumurtaları, unu, tuzu ve kabartma tozunu karıştırarak etli-sebzeli harcın üzerine yayalım. Önceden ısıtılmış 200° ısılı fırının üst rafında, hamurun üzeri hafifçe pembeleşene dek pişirelim. Yemeği ılıttıktan sonra dilimleyerek servis yapalım.

Fırında Çöp Kebabı

MALZEMELER

1/2 kg. kuşbaşı dana eti
2 orta boy soğan
2 çorba kaşığı tereyağı
veya margarin (50 gr.)
3 orta boy domates
3 orta boy patlıcan
4-5 dolmalık biber
1 çorba kaşığı salça
tuz, karabiber
çöp şiş
★★ **5-6 kişilik**

HAZIRLANIŞI

Tencereye tereyağını eritelim. Etleri ekleyip suyunu bırakıp çekene dek kavuralım. Piyaz doğranmış soğanları ekleyippembeleşene dek kavurmaya devam edelim. Salçayı ekleyip birkaç kez çevirelim, etlerin üzerini hafifçe aşacak kadar sıcak suyu, tuzu ve karabiberi ekleyip ağır ateşte etler yumuşayana dek pişirelim. Patlıcanları kuşbaşı iriliğinde doğrayalım. Domatesleri dörde keselim. Dolmalık biberlerin çekirdek yataklarını alıp iri doğrayalım. Tencereyi ateşten alalım. Çöp şişlere sırası ile patlıcan, et, domates ve biber dizerek fırın kabına yatık olarak yerleştirelim. Tenceredeki sosu çöp şişlerin üzerine gezdirerek ısıtılmış 220° ısılı fırında sebzeler ve etler yumuşayana dek pişirelim. Kebapları fırından alıp lavaş ekmek veya pide ile servis yapalım.

GÜVEÇTE PÜRELİ MANTARLI KEBAP

MALZEMELER

1/2 kg. kuşbaşı et (bonfilelik et tercih edilir)
1/2 kg. mantar (haşlanmış)
3/4 çay bardağı sıvı yağ
2 orta boy soğan
1 çorba kaşığı salça
tuz, karabiber

Püresi için

5 orta boy patates
1/2 su bardağı süt
1 çorba kaşığı tereyağı veya margarin (30 gr.)
75 gr. kaşar rendesi
tuz

★★ **4-5 kişilik**

HAZIRLANIŞI

Tencereye sıvı yağı alalım. Etleri ekleyip suyunu bırakıp çekene dek kavuralım. Küp doğranmış soğanları ekleyip pembeleşene dek kavuralım. Salçayı ekleyip birkaç kez çevirelim, etlerin üzerini iki parmak aşacak kadar sıcak suyu, tuzu ve karabiberi ekleyelim. Ağır ateşte etler yumuşayana dek pişirelim. Haşlanmış mantarları ince uzun dilimleyerek ekleyip kebabı ateşten alalım. Bu arada püreyi hazırlayalım. Haşlanmış patatesleri sıcakken rendeleyelim. Tereyağını, sıcak sütü ve tuzu ekleyip pürüzsüz kıvama gelene dek karıştıralım. Kebabı tek kişilik güveç kaplara paylaştıralım, üzerlerine püreyi yayalım. Üzerine kaşar rendesi serpelim, ısıtılmış 200° ısılı fırının üst rafında kaşarlar eriyip hafifçe pembeleşene dek pişirip servis yapalım.

FIRINDA PATLICAN KEBABI

MALZEMELER

350 gr. kuşbaşı dana eti
4 orta boy patlıcan
2 orta boy domates
2 orta boy soğan
4-5 sivribiber
1 çorba kaşığı tereyağı veya margarin (30 gr.)
1 su bardağı sıvı yağ
tuz, karabiber

★★ **4-5 kişilik**

HAZIRLANIŞI

Patlıcanları alacalı soyarak 1/2 cm. kalınlığında yuvarlak dilimlere keselim. Tuzlu suda 1/2 saat bekletelim, yıkayıp kurulayarak kızgın sıvı yağda hafifçe kızartalım ve bekletelim.
Bir tencereye tereyağını alıp eritelim. Etleri ekleyerek suyunu bırakıp çekene dek kavuralım. Piyaz doğranmış soğanları ekleyip pembeleşene dek kavurmaya devam edelim. Etlerin üzerine iki parmak aşacak kadar sıcak suyu, tuzu ve karabiberi ekleyelim, ağır ateşte etler yumuşayana dek pişirelim. Fırın kabına kızaran patlıcan dilimlerini yerleştirelim, üzerine etleri yayalım, üzerine domates ve sivribiber dilimlerini yerleştirip tuzu, karabiberi serpelim. 1-1,5 su bardağı sıcak su ekleyerek kebabı ısıtılmış 200° ısılı fırında 15-20 dk. pişirelim ve servis yapalım.

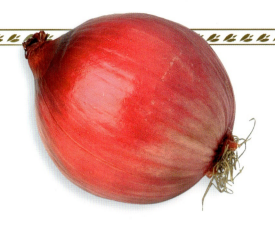

Püreli Patlican Kebabi

MALZEMELER

4 orta boy patlıcan
350 gr. kuşbaşı dana eti
1 orta boy soğan
1 çorba kaşığı salça
5 çorba kaşığı sıvı yağ
75 gr. kaşar rendesi
tuz, karabiber
1 su bardağı sıvı yağ (kızartmak için)

Püre için

3 orta boy patates
1 kahve fincanı süt
tuz

★★ 4-5 kişilik

HAZIRLANIŞI

Patlıcanları alacalı soyarak tuzlu suda 1/2 saat bekletelim. Tencereye sıvı yağı alalım, etleri ekleyip suyunu bırakıp çekene dek kavuralım. Küp doğranmış soğanları ekleyerek pembeleşene dek kavurmaya devam edelim. Etlerin üzerini iki parmak aşacak kadar sıcak suyu, tuzu ve karabiberi ekleyelim, ağır ateşte etler yumuşayana dek pişirelim. Patlıcanları yıkayıp kurulayarak kızdırılmış sıvı yağda arkalı önlü kızartalım ve fırın kabına dizelim. Patlıcanların karnını yararak iç kısmına etli harcı dolduralım. Püreyi hazırlayalım. Patatesleri haşlayıp sıcakken rendeleyelim. Sıcak sütü ve tuzu ekleyip ezerek püre kıvamına getirelim. Püreyi patlıcanların karın kısmına yayarak üzerine kaşar rendesi serpe-lim. Salçayı 1-1,5 su bardağı sıcak su ile inceltip fırın kabına boşaltalım. Kebabı ısıtılmış 200° ısılı fırında kaşarlar eriyip üzeri hafifçe pembeleşene dek pişirelim ve servis yapalım.

Bostan Kebabi

MALZEMELER

1/2 kg. kuşbaşı et
(bonfilelik et tercih edilir)
4 orta boy bostanpatlıcanı
4-5 dal taze soğan
2-3 sivribiber
1 çorba kaşığı salça
1 su bardağı sıvı yağ
75 gr. kaşar rendesi
2 çorba kaşığı tereyağı
veya margarin (50 gr.)
3-4 diş sarmısak
tuz, karabiber

★★ 5-6 kişilik

HAZIRLANIŞI

Patlıcanları alacalı soyup uzunlamasına yarıdan keselim. İç kısmını bıçak yardımı ile hafifçe oyup çıkararak patlıcanların sandal şekli almasını sağlayalım. Patlıcanları tuzlu suda 1/2 saat bekletelim, yıkayıp kurulayarak kızdırılmış sıvı yağda arkalı önlü hafifçe kızartalım ve bir fırın kabına dizelim. Bir tencereye tereyağını alıp eritelim. Etleri ekleyelim, suyunu bırakıp çekene dek kavuralım. Doğranmış taze soğanları, sarmısakları, sivribiberleri ekleyerek 1-2 dk. daha kavuralım. Tuzu, karabiberi, salçayı ekleyip birkaç kez çevirelim. Etlerin üzerine iki parmak aşacak kadar sıcak su ekleyerek ağır ateşte etler yumuşayana dek pişirelim. Etli harcı patlıcanların içine dolduralım, fırın kabına 1 su bardağı sıcak suyu boşaltalım. Patlıcanların üzerine kaşar rendesi serperek ısıtılmış 200° ısılı fırının üst rafında kaşarlar eriyip üzeri hafifçe pembeleşene dek pişirelim ve servis yapalım.

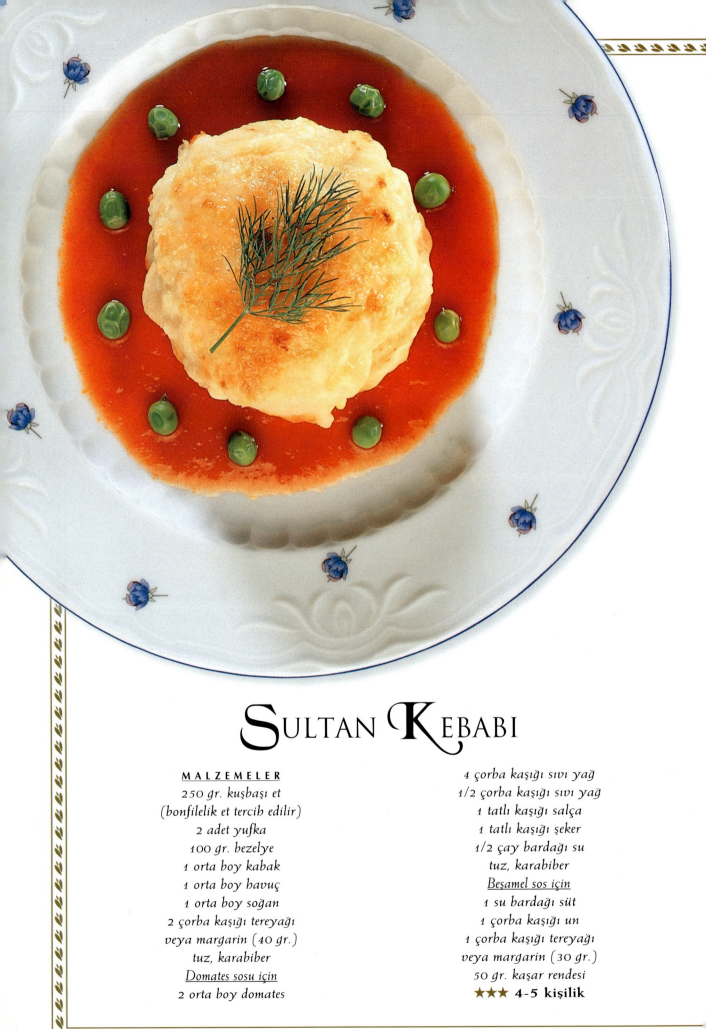

SULTAN KEBABI

MALZEMELER

250 gr. kuşbaşı et
(bonfilelik et tercih edilir)
2 adet yufka
100 gr. bezelye
1 orta boy kabak
1 orta boy havuç
1 orta boy soğan
2 çorba kaşığı tereyağı
veya margarin (40 gr.)
tuz, karabiber

<u>Domates sosu için</u>
2 orta boy domates

4 çorba kaşığı sıvı yağ
1/2 çorba kaşığı sıvı yağ
1 tatlı kaşığı salça
1 tatlı kaşığı şeker
1/2 çay bardağı su
tuz, karabiber

<u>Beşamel sos için</u>
1 su bardağı süt
1 çorba kaşığı un
1 çorba kaşığı tereyağı
veya margarin (30 gr.)
50 gr. kaşar rendesi
★★★ **4-5 kişilik**

HAZIRLANIŞI

Tencereye tereyağını eritelim. Etleri ekleyip suyunu bırakıp çekene dek kavuralım. Piyaz doğranmış soğanları ekleyip pembeleşene dek kavurmaya devam edelim. Bezelyeleri, kuşbaşı iriliğinde doğranmış havucu ve kabakları, tuzu, karabiberi, etlerin ve sebzelerin üzerini iki parmak aşacak kadar sıcak suyu ekleyelim, ağır ateşte etler ve sebzeler yumuşayana dek pişirelim. Tencereyi ateşten alıp ılıtalım. Yufkaları enine ve boyuna keserek her yufkadan 4 eşit üçgen parça elde edelim. İki üçgen parçayı üst üste koyup bir tatlı kâsesinin içine oturtarak kenarlarını dışa taşıralım. Yufkaların içine delikli kepçe ile suyunu süzdüğümüz kebaptan bir kepçe koyalım, yufkaların uçlarını kebabın üzerine çevirerek kapatalım. Kâseleri ters çevirelim, hafifçe yağlanmış fırın kabına yufka bohçalarını çıkaralım. Bu arada beşamel sosu hazırlayalım. Bir tavada yağı eritip unu ekleyelim. Sürekli karıştırarak, un sararana dek hafifçe kavuralım. Sıcak sütü ve tuzu ekleyip sos koyulaşana dek karıştırarak pişirelim ve ateşten alalım. Yufka bohçalarının üzerine 1 çorba kaşığı sos gezdirip kaşar rendesi serpelim. Isıtılmış 200° ısılı fırında üzerleri hafifçe pembeleşene dek pişirelim. Kebabı fırından alıp domates sosu ile servis yapalım. Domates sosu için, tavaya sıvı yağı alalım. Domatesleri rendeleyerek ekleyip 2-3 dk. suyu çekilene dek pişirelim. Salçayı, limon suyunu, şekeri, tuzu ve karabiberi ekleyip 1/2 dk. daha pişirelim. Suyu cklcyip bir taşım kaynatarak sosu ateşten alalım.

İSLİM KEBABI

MALZEMELER
350 gr. kuşbaşı koyun eti (yağsız)
4 orta boy patlıcan
2 orta boy domates
2 orta boy soğan
2-3 çarlistonbiber
1 çorba kaşığı salça
4 çorba kaşığı sıvı yağ
1 su bardağı sıvı yağ (kızartmak için)
tuz, karabiber
★★ **4-5 kişilik**

HAZIRLANIŞI

Patlıcanları alacalı soyup uzunlamasına dilimleyerek tuzlu suda 1/2 saat bekletelim. Bu arada kebabı hazırlayalım. Tencereye sıvı yağı alalım. Etleri ekleyerek suyunu bırakıp çekene dek kavuralım. Küp doğranmış soğanları ekleyerek pembeleşene dek kavurmaya devam edelim. Salçayı ekleyip birkaç kez çevirelim, etlerin üzerini iki parmak aşacak kadar sıcak suyu, tuzu, karabiberi ekleyerek ağır ateşte etler yumuşayana dek pişirelim. Patlıcan dilimlerini yıkayıp kurulayarak kızgın sıvı yağda arkalı önlü hafifçe kızartalım. Tek kişilik bir tatlı kâsesine 3 patlıcan dilimini çarpı şeklinde üst üste koyarak ve uçları kâsenin dışına sarkıtarak yerleştirelim. Etleri delikli kepçe ile alıp kâsedeki patlıcan dilimlerinin ortalarına bir miktar koyalım. Patlıcan dilimlerinin uçlarını kebabın üzerine çevirip kapatalım. Kâseyi ters çevirerek kebabı fırın kabına çıkaralım. Kebapların üzerlerine yuvarlak dilimlenmiş domates ve sivribiberleri yerleştirip üzerlerine birer kürdan batıralım. Tencerede kalan sosa 1-1,5 su bardağı sıcak su ekleyip fırın kabına boşaltalım. Kebabı ısıtılmış 200° ısılı fırında 15-20 dk. pişirerek servis yapalım.

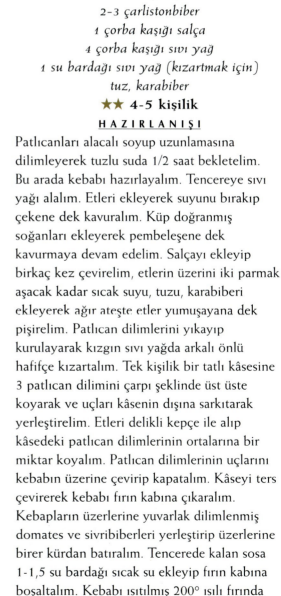

SARAY KEBABI

MALZEMELER

1/2 kg. kuşbaşı koyun eti (yağsız)
2 orta boy soğan
2 orta boy havuç
2 çorba kaşığı tereyağı veya margarin (50 gr.)
250 gr. bezelye (haşlanmış)
2 orta boy domates
1 çorba kaşığı salça
tuz, karabiber
<u>*Püresi için*</u>
5 orta boy patates
1 yumurta sarısı
50 gr. kaşar rendesi
tuz

★★ **6-7 kişilik**

HAZIRLANIŞI

Tencereye tereyağını alıp eritelim. Etleri ekleyip suyunu bırakıp çekene dek kavuralım. Piyaz doğranmış soğanları, yuvarlak dilimlenmiş havuçları ekleyip 2-3 dk. daha kavuralım. Salçayı, tuzu, karabiberi ekleyip birkaç kez çevirelim, etlerin üzerini hafifçe aşacak kadar sıcak suyu ekleyerek ağır ateşte etler yumuşayana dek pişirelim. Bu arada püreyi hazırlayalım. Haşlanmış patatesleri sıcakken rendeleyip ezerek pürüzsüz kıvama getirelim. Patates rendesi iyice ılıdığında içine yumurta sarısını, tuzu ve kaşar rendesini ekleyip karıştıralım. Kebabı ateşten alalım. İçine haşlanmış bezelyeleri ekleyip karıştırarak fırın kabına yayalım. Püreden kaşık yardımıyla yumurta iriliğinde düzgün yuvarlak parçalar alıp eşit aralıklarla kebabın üzerine yerleştirelim. Püre topçuklarının aralarındaki boşluklara yuvarlak dilimlenmiş domatesleri yerleştirelim. Isıtılmış 200° ısılı fırında püre topçuklarının üzerleri hafifçe pembeleşene dek pişirerek servis yapalım.

GÜVEÇTE BARBUNYALI KEBAP

MALZEMELER

1/2 kg. kuşbaşı et
(bonfilelik et tercih edilir)
2 çorba kaşığı tereyağı
veya margarin (50 gr.)
2 orta boy soğan
4-5 sivribiber
2 orta boy domates
1/2 kg. taze barbunya
75 gr. kaşarpeyniri
tuz, karabiber

★ **4-5 kişilik**

HAZIRLANIŞI

Tencereye tereyağını alıp eritelim. Etleri ekleyip suyunu bırakıp çekene dek kavuralım. Küp doğranmış soğanları ekleyip pembeleşene dek kavuralım. İri doğranmış sivribiberleri, rendelenmiş domatesi ilave edip 1-2 dk. daha kavurmaya devam edelim. Etlerin üzerini iki parmak kadar aşacak sıcak su, tuz ve karabiber ekleyip ağır ateşte etler yumuşayana dek pişirelim. Haşlanmış barbunyaları süzgece alarak suyunu süzelim ve etlere ilave edip karıştıralım. Etli harcı tek kişilik güveç kaplarına paylaştırarak üzerlerine kaşar rendesi serpelim. Isıtılmış 200° ısılı fırının üst rafında kaşarlar eriyip üzeri hafifçe pembeleşene dek pişirelim ve servis yapalım.

NAZLAŞ

(NAZLI AŞ)

MALZEMELER

1/2 kg. kuşbaşı dana eti
2 çorba kaşığı tereyağı
veya margarin (40 gr.)
1/4 limon suyu
2 su bardağı pirinç
3/4 çay bardağı sıvı yağ
Hamuru için
2 yumurta
1 su bardağı un
1 çay bardağı yoğurt
1/2 paket kabartma tozu
50 gr. kaşar rendesi
tuz

★★ **5-6 kişilik**

HAZIRLANIŞI

Etleri basınçlı bir tencereye alıp üzerini 2 parmak aşacak kadar sıcak su ve tuz ekleyerek, etler yumuşayana dek haşlayalım. Bu arada pirinçleri ılık tuzlu, limonlu suda 1/2 saat bekletelim. Pirinçlerin nişastası gidene dek birkaç su yıkayıp suyunu iyice süzelim. Tencereye sıvı yağı alalım. Pirinçleri ekleyerek şeffaflaşana dek kavuralım. Sıcak suyu ve tuzu ekleyerek ağır ateşte pirinçler suyunu çekene dek pişirip ateşten alalım. Pilavı 25-30 dk. demlendirelim. Bir tavaya tereyağını alıp eritelim. Etleri delikli kepçe ile alıp tavaya aktaralım, etler hafifçe renk alana dek karıştırıp kavuralım. Etleri fırın kabına alalım. Bir kabın içinde yumurtaları, unu, yoğurdu, tuzu, kabartma tozunu alıp mikserle karıştıralım. Hamuru etlerin üzerine yayıp kaşar rendesi serpelim. Isıtılmış 200° ısılı fırında sosun üzeri hafifçe pembeleşene dek pişirelim ve etleri fırından alıp pilav ile birlikte servis yapalım.

TANDIR KEBABI

(KONYA YEMEĞİ)

MALZEMELER

1 kuzu kolu (yağı alınmış)

2 orta boy soğan

2 orta boy havuç

2 su bardağı sıcak su

1 çorba kaşığı top karabiber, kekik, tuz

★★ **7-8 kişilik**

HAZIRLANIŞI

Fırın kabını hafifçe yağlayarak yuvarlak dilimlenmiş havuçları ve piyaz doğranmış soğanları yayalım. Üzerine top karabiber, kekik ve tuz serpelim. Kuzu kolunu fırın kabına yerleştirelim, kenarından 2 su bardağı sıcak suyu gezdirelim. Isıtılmış 150° ısılı fırında kuzu kolunun bir yüzü kızarana dek pişirelim. Sonra ters çevirip kuzu kolunun diğer yüzünü de kızartalım. Etin pişip pişmediğini kontrol ederek fırından alalım ve dilimleyip servis yapalım.

ISPANAKLI KUZU KOL SARMA

(OSMANLI MUTFAĞINDAN)

MALZEMELER

1 kuzu kolu (750 gr.)
1/2 kg. ıspanak
tuz, karabiber, kekik
alüminyum folyo
Sosu için
1 orta boy soğan
2-3 çarlistonbiber
1 orta boy domates
1/2 çorba kaşığı salça
5 çorba kaşığı sıvı yağ
tuz

★★★ 5-6 kişilik

HAZIRLANIŞI

Ispanakları ayıklayıp yıkayarak su ilave etmeden kendi ıslaklıkları ile haşlayalım. Sonra süzgece alıp suyunu iyice süzerek doğrayalım. İçine tuz ve karabiber ekleyerek karıştıralım. Kuzu kolunu zedelemeden etini kemiğinde ayıralım. Eti döverek hafifçe inceltelim. (Kuzu kolunu kasaba hazırlatabilirsiniz.) Üzerine tuz ve karabiber serpelim. Kuzu kolunun ortasına ıspanaklı harcı düzgün bir şekilde yayalım. Etin yan kenarlarını üstte toparlayarak sıkı bir şekilde rulo yapıp saralım, kuzu kolunu hafifçe yağlanmış alüminyum folyoya sararak fırın kabına yerleştirelim. Isıtılmış 220° ısılı fırında 1 saat kadar, et iyice yumuşayana dek pişirelim. (Pişip pişmediğini anlamak için ete bıçak batırın, kan bulaşmıyor ve et yumuşaksa pişmiş demektir.) Kuzu kolunu fırından alalım. Üzerindeki alüminyum folyoyu çıkarıp dilimleyerek ve üzerine sos gezdirerek servis yapalım.

SOS İÇİN

Tavaya sıvı yağı alıp küp doğranmış soğanı ekleyerek pembeleşene dek kavuralım. Küçük doğranmış biberleri ekleyip 1-2 dk. daha kavuralım. Tavla zarı iriliğinde doğranmış domatesi ekleyip 1-2 dk. daha kavurmaya devam edelim. Salçayı 1/2 çay bardağı suyu ve tuzu ekleyerek sosu bir taşım kaynatıp ateşten alalım. Sosu blendır yardımıyla pürüzsüz kıvama getirelim.

KUZU KOL SARMASI

MALZEMELER

1 kuzu kolu (750 gr.)
2 orta boy havuç (haşlanmış)
tuz, karabiber
1/2 çorba kaşığı salça
1/2 çorba kaşığı yoğurt
Püresi için
5 orta boy patates
1/2 su bardağı süt
1 çorba kaşığı tereyağı
veya margarin (30 gr.)
tuz

★★★ 5-6 kişilik

HAZIRLANIŞI

Kuzu kolunu zedelemeden etini kemiğinden ayıralım. Eti döverek hafifçe inceltelim. (Kuzu kolunu kasaba hazırlatabilirsiniz.) Üzerine tuz ve karabiber serpelim. Haşlanmış havuçları kuzu kolunun ortasına dizelim. Etin yan kenarlarını üstte toplayarak sıkıca rulo yaparak saralım. Kuzu kolunu temiz bir mutfak ipi ile birkaç yerinden sıkıca bağlayarak uygun büyüklükte bir tencereye koyalım. Kuzu kolunun üzerini aşacak kadar sıcak su ekleyerek ağır ateşte et yumuşayana dek pişirelim. Eti ateşten almadan 10 dk. önce tuzu ekleyelim. Kuzu kolunu delikli kepçe ile çıkarıp hafifçe yağlanmış fırın kabına alalım.

Salçayı yoğurtla karıştırıp kuzu kolunun yan-
larına ve üzerine sürelim. Isıtılmış 220° ısılı
fırında etin üzeri nar gibi olana dek pişirelim.
(Pişip pişmediğini anlamak için ete bıçak
batırın. Kan bulaşmıyor ve et yumuşaksa
pişmiş demektir.) Kuzu kolunu fırından alıp
dilimleyerek püre ile servis yapalım.

PÜRESİ

Haşlanmış patatesleri sıcakken
rendeleyelim. Çok ağır ateş üzerinde
sıcak sütü ve tuzu ekleyip çırpma teli
ile karıştırarak pürüzsüz kıvama
getirelim. Püreyi ateşten alıp
tereyağını eritmeden ekleyerek
karıştıralım.

ISPANAKLI SARAY KEBABI

MALZEMELER
750 gr. ıspanak
2 orta boy soğan
250 gr. kuşbaşı et (bonfilelik et tercih edilir)
2 çorba kaşığı tereyağı veya margarin (40 gr.)
75 gr. kaşar rendesi
1 çorba kaşığı salça
tuz, karabiber
★★ 4-5 kişilik

HAZIRLANIŞI
Tencereye tereyağını alıp eritelim. Etleri
ekleyip suyunu bırakıp çekene dek kavuralım.
Piyaz doğranmış soğanı ekleyip pembeleşene
dek kavurmaya devam edelim. Salçayı ekleyip
birkaç kez çevirelim, etlerin üzerini hafifçe
aşacak kadar sıcak suyu, tuzu ve karabiberi
ekleyip ağır ateşte etler yumuşayana dek
pişirelim. Ayıklanıp yıkanmış ıspanakları
doğrayarak ekleyelim. Ispanaklar diriliklerini
kaybedene dek pişirelim. Ispanaklı etli harcı
fırın kabına yayıp üzerine kaşar rendesi
serperek ısıtılmış 200° ısılı fırında kaşarlar
eriyip üzeri hafifçe pembeleşene dek pişirelim.
Ilıtarak servis yapalım.

FIRINDA PASTIRMA KEBABI

MALZEMELER
3 orta boy domates
8-10 çarlistonbiber
100-150 gr. pastırma
250 gr. mantar
1/4 limon suyu
1 çorba kaşığı tereyağı veya margarin (30 gr.)
tuz, karabiber
★ 4-5 kişilik

HAZIRLANIŞI
Mantarları ince uzun dilimleyerek limonlu suda
yumuşayana dek haşlayalım. Sonra süzgece
alıp suyunu iyice süzelim. Domatesleri
yuvarlak dilimleyelim. Çarlistonbiberlerin
çekirdek yataklarını çıkarıp boyuna yarıdan
keselim. Sonra enine ikiye keselim. Alüminyum
folyoları 20-25 cm. kenarlı kare parçalar
halinde keselim. Folyoların üzerini fırça
yardımıyla hafifçe sıvı yağ ile yağlayalım.
Folyoların ortasına domates dilimlerini,
1 dilim pastırmayı, çarlistonbiber dilimlerini ve
mantarları yerleştirip tuz ve karabiber serpelim.
Tereyağını küçük parçalar halinde üzerlerine
paylaştırıp folyonun karşılıklı kenarlarını
paket şeklinde kapatarak fırın kabına dizelim.
Isıtılmış 200° ısılı fırında 15-20 dk. pişirip
paketleri fırından alalım. Ortalarını keserek
servis yapalım.

MANİSA KEBABI

MALZEMELER

Krep hamuru için
2 su bardağı süt
3 yumurta
2 su bardağı un
1/4 çay bardağı sıvı yağ
tuz

Kebabı için
350 gr. kuşbaşı dana eti
350 gr. mantar (haşlanmış)
1 orta boy havuç
100 gr. bezelye (haşlanmış)
1 orta boy soğan
tuz, karabiber, kekik
2 çorba kaşığı tereyağı
veya magrarin (50 gr.)

Kebabın üzerine
2 orta boy domates
5-6 sivribiber
kürdan

★★ **5-6 kişilik**

HAZIRLANIŞI

Tencereye tereyağını alıp eritelim. Etleri ekleyelim, suyunu bırakıp çekene dek kavuralım. Piyaz doğranmış soğanları ve yuvarlak dilimlenmiş havucu ekleyerek 2-3 dk. daha kavuralım. Tuzu, karabiberi, etlerin ve sebzelerin üzerini iki parmak aşacak kadar sıcak suyu ekleyerek, ağır ateşte etler yumuşayana dek pişirelim. Haşlanmış bezelyeleri ve mantarları ekleyip ateşten alalım. Bu arada krebi hazırlayalım. Bir kapta yumurtaları, unu, sütü, sıvı yağı, tuzu mikserle çırpalım. Teflon bir tavayı margarinle hafifçe yağlayarak krep hamurundan bir kepçe boşaltalım. Krepleri arkalı önlü pişirerek bir tatlı kâsesinin iç kısmına oturtup kenarlarını dışarı taşıralım. Bir kepçe kebabı delikli kepçe ile alıp kreplerin iç kısmına boşaltalım. Kreplerin kenarlarını kebabın üzerine çevirerek bir fırın kabına dizelim. Krep bohçalarının üzerine domates ve sivribiber dilimleri yerleştirip üzerlerine birer kürdan batıralım. Krep bohçalarını ısıtılmış 200° ısılı fırında 10-15 dk. pişirip servis yapalım.

ℱirinda ℛosto

MALZEMELER

750 gr. dana nuar veya kontrfile
1 baş sarmısak
1/2 su bardağı sıvı yağ
2 çorba kaşığı tane karabiber
2 su bardağı sirke
(arzuya göre) kaşar rendesi
<u>Domates sosu için</u>
2 orta boy domates
1 orta boy soğan
5 çorba kaşığı sıvı yağ
tuz

⭐⭐ **5-6 kişilik**

HAZIRLANIŞI

Eti kasaba rosto halinde hazırlatalım. Bir kaba sirkeyi boşaltalım. Rostoyu içine yatırıp ara sıra ters yüz ederek buzdolabında bir gün bekletelim. Ertesi gün rostonun üzerine bıçak ucu ile sık aralıklarla delikler açarak içlerine tane karabiber ve doğranmış sarmısakları sıkıştıralım ve arkalı önlü tuz serpelim. Derin ve kapaklı bir tencereye sıvı yağı alıp kızdıralım. Rostoyu arada bir çevirerek nar gibi olana dek kızartalım. Bir fırın kabına rostoyu yerleştirip üzerini alüminyum folyo ile kapatalım. Isıtılmış 200° ısılı fırında 45-50 dk. et yumuşayana dek pişirelim. Bu arada sosu hazırlayalım. Ayrı bir tavaya sıvı yağı alıp küp doğranmış soğanı ekleyerek pembeleşene dek kavuralım. Tavla zarı iriliğinde doğranmış domatesleri ve tuzu ekleyerek suyu çekilene dek pişirip servis tabağına yayalım. Rostoyu fırından alıp dilimleyerek servis tabağına yerleştirelim. Üzerine arzuya göre kaşar rendesi serperek servis yapalım.

ROSTO

MALZEMELER

750 gr. dana nuar veya kontrfile
1 orta boy soğan
1 orta boy havuç
5-6 diş sarmısak
1 çorba kaşığı un
1 çorba kaşığı salça
2 defne yaprağı
1/2 su bardağı sıvı yağ
Püre için
5 orta boy patates
1/2 su bardağı süt
1 çorba kaşığı tereyağı
veya margarin (25 gr.)
(arzuya göre) 1 fiske muskat rendesi
tuz

★★ 5-6 kişilik

HAZIRLANIŞI

Eti kasaba rosto halinde hazırlatarak arkalı önlü tuz ve karabiber serpelim. Derin ve kapaklı bir tencereye sıvı yağı alıp kızdıralım. Rostoyu arada bir çevirerek nar gibi olana dek kızartalım. Eti tencereden çıkaralım. Soğanı ve havuçu iri doğrayarak aynı yağda 2-3 dk. kavuralım. Salçayı ekleyip 1-2 dk. daha kavuralım. Unu ekleyip 1/2 dk. daha kavurduktan sonra tencereye 1-2 kepçe sıcak su ekleyerek sosu inceltelim. Eti tekrar tencereye alalım. İçine doğranmış sarmısakları, defne yapraklarını ve etin üzerini iki parmak aşacak kadar sıcak suyu ekleyelim. Et suyu bir-iki taşım kaynayınca üzerinde oluşan köpükleri alalım. Ağır ateşte 1-1.5 saat et yumuşayana dek pişirelim. Rostoyu tencereden alıp dilimleyelim. Tenceredeki sosu tel süzgeçten geçirip rosto dilimleri üzerine gezdirerek püre ile veya haşlanmış sebzelerle servis yapalım.

PÜRE İÇİN

Haşlanmış patatesleri sıcakken rendeleyelim. Tereyağını, sıcak sütü, tuzu, 1 fiske muskat rendesini ekleyerek çok ağır ateş üzerinde çırpma teli ile karıştırarak pürüzsüz kıvama getirelim.

Püreye muskat rendesini fazla kaçırırsanız pürenin tadını acılaştırır.

MANTARLI SOSİS GÜVEÇ

MALZEMELER

1/2 kg. mantar
4-5 sosis
2 orta boy soğan
75 gr. kaşar rendesi
2 çorba kaşığı tereyağı
veya margarin (40 gr.)
tuz, karabiber

★ 4-5 kişilik

HAZIRLANIŞI

Tencereye tereyağını alıp eritelim. İnce uzun dilimlenmiş mantarları ekleyerek suyunu bırakıp çekene dek kavuralım. Küp doğranmış soğanı ekleyerek pembeleşene dek kavurmaya devam edelim. Dilimlenmiş sosisleri ekleyerek 1-2 dk. daha kavurarak ateşten alalım. Mantarlı harcı tek kişilik güveç kaplarına paylaştıralım. Üzerlerine kaşar rendesi serperek fırının üst rafında kaşarlar eriyip üzeri hafifçe pembeleşene dek pişirerek servis yapalım.

ŞİŞ KEBAP

MALZEMELER

1 kg. kuşbaşı et (şişlik et)
5 orta boy domates
250 gr. sivribiber
Etin marinatı (terbiyesi) için
2 orta boy soğan
1 su bardağı süt
1,5 kahve fincanı sıvı yağ
tuz, kekik
★ **7-8 kişilik**

HAZIRLANIŞI

Etin terbiyesi için soğanları rendeleyerek tel süzgeç yardımıyla suyunu çıkarıp posasını atalım. Soğan suyunu bir kaba alıp içine sütü, sıvı yağı, tuzu, kekiği ekleyerek karıştıralım. İçine etleri ekleyip karıştırarak buzdolabında 5-6 saat bekletelim. Biberleri iri doğrayalım. Domatesleri iri kuşbaşı doğrayalım. Şişlere sırası ile etleri, domatesleri ve biberleri geçirelim. Kömür ateşinde veya ızgarada şişleri çevirerek etler yumuşayana dek pişirelim. Lavaş ekmek veya pide ile servis yapalım.

ŞİŞLİK ETLER İÇİN

Etler, terbiyesi ile bekletildikten sonra yıkanmadan şişlere geçirilir.

Şiş kebap yaparken dana veya koyun etinin kol veya but tarafı tercih edilir.

Etler kömür ateşinde pişirilecekse kömür alevlendikten sonra üzerine bir miktar kül serpiştirilir. Böylece etler ağır ağır ve yanmadan pişirilir.

ÇÖP ŞİŞ
(EGE BÖLGESİ KEBABI)

MALZEMELER

1/2 kg. kuşbaşı et (şişlik et)
100 gr. kuyruk yağı
2 orta boy soğan
çöp şiş
tuz
★ **4-5 kişilik**

HAZIRLANIŞI

Etlere tuz serpip karıştıralım. Şişlere etleri ve arada bir kuyruk yağını geçirelim. Kömür ateşinde veya ızgarada şişleri çevirerek etler yumuşayana dek pişirelim. Piyaz doğranmış soğan, lavaş ekmeği veya pide ile servis yapalım.

TİKE KEBABI
(GAZİANTEP KEBABI)

MALZEMELER

1 kg. kuşbaşı et (şişlik et)
150-200 gr. kuyruk yağı
5 orta boy domates
8-10 çarlistonbiber
Etin marinatı (terbiyesi) için
1/2 çay bardağı sıvı yağ
1/2 çorba kaşığı domates salçası
1/2 çorba kaşığı biber salçası
1 su bardağı süt
2-3 diş dövülmüş sarmısak
tuz, karabiber, kekik
★ **7-8 kişilik**

HAZIRLANIŞI

Etin terbiyesi için bir kaba sıvı yağı, sütü, domates ve biber salçasını, dövülmüş sarmısakları, tuzu ve baharatları ekleyip karıştıralım. Etleri ve kuşbaşı iriliğinde doğranmış kuyruk yağını ekleyip karıştırarak buzdolabında 5-6 saat bekletelim. Biberleri iri doğrayalım. Domatesleri iri kuşbaşı doğrayalım. Şişlere sırası ile etleri, arada bir kuyruk yağını, domatesleri ve biberleri geçirelim. Kömür ateşinde veya ızgarada şişleri çevirerek etler yumuşayana dek pişirelim. Lavaş ekmek veya pide ile servis yapalım.

KUZU ŞİŞ KEBAP

MALZEMELER

750 gr. kuşbaşı koyun eti (but tarafından)
Etin marinatı (terbiyesi) için
1 su bardağı süt
2 orta boy soğan
5 çorba kaşığı sıvı yağ
tuz, karabiber
★ **5-6 kişilik**

HAZIRLANIŞI

Etin terbiyesi için: Soğanları rendeleyerek tel süzgeç yardımıyla suyunu çıkarıp posasını atalım. Soğan suyunu bir kaba alıp içine sütü, sıvı yağı, tuzu ve karabiberi ekleyip karıştıralım. İçine etleri ekleyip karıştırarak buzdolabında 5-6 saat bekletelim. Etleri şişlere geçirelim, kömür alevinde veya ızgarada şişleri çevirerek etler yumuşayana dek pişirelim. Lavaş ekmek veya pide ile servis yapalım.

Sac Kebabı

MALZEMELER

750 gr. kuşbaşı et (dana veya koyun but eti
tercih edilir)
2 orta boy soğan
2 orta boy domates
4-5 sivribiber
2 çorba kaşığı tereyağı veya margarin (60 gr.)
tuz, karabiber, kekik
<u>Etin marinatı (terbiyesi) için</u>
2 orta boy soğan
1/2 su bardağı sıvı yağ
3-4 defne yaprağı
kekik
★ 7-8 kişilik

HAZIRLANIŞI

Etin terbiyesi için, soğanları rendeleyerek tel
süzgeç yardımıyla suyunu çıkarıp posasını
atalım. Soğan suyunu bir kaba alıp içine sıvı
yağı, defne yapraklarını ve kekiği ekleyerek
karıştıralım. İçine etleri ekleyip karıştırarak
buzdolabında 5-6 saat bekletelim. Sacın çukur
kısmına veya teflon tavaya tereyağını alıp
eritelim. Etleri ekleyip ara sıra karıştırarak 5
dk. kavuralım. Ateşi iyice kısarak etler suyunu
bırakıp çekene dek kavurmaya devam edelim.
Piyaz doğranmış soğanları ekleyip 3-5 dk.
daha kavuralım. Doğranmış sivribiberleri,
kuşbaşı iriliğinde doğranmış domatesleri, tuzu
ve baharatları ekleyerek etler iyice yumuşayana
dek arada bir karıştırıp kavuralım. Kebabı lavaş
ekmek veya pide ile servis yapalım.

ŞARK KEBABI

(DOĞU VE GÜNEYDOĞU ANADOLU BÖLGESI KEBABI)

MALZEMELER

*750 gr. kuşbaşı et
(dana veya koyun but eti tercih edilir)
2 çorba kaşığı tereyağı
veya margarin (60 gr.)
2,5 su bardağı koyu ayran
tuz, karabiber*

★ **7-8 kişilik**

HAZIRLANIŞI

Etleri bir kaba alalım. İçine koyu ayranı, kekiği ekleyip karıştırarak buzdolabında 5-6 saat bekletelim. Bir tencereye etleri alalım. Ağır ateşte etler ayranın suyunu çekene dek karıştırarak kavuralım. Sacın çukur kısmına veya teflon tavaya tereyağını alıp eritelim. Etleri, tuzu ve karabiberi ekleyip etler nar gibi olana dek karıştırarak kavuralım. Kebabı lavaş ekmek veya pide ile servis yapalım.

> **K**ebaptaki ayran,
> lezzeti ve yumuşaklığı artırmak için
> kullanılır.

SEBZELİ SAC KEBABI

MALZEMELER

*750 gr. kuşbaşı et (dana veya
koyun but eti tercih edilir)
350 gr. mantar
2 orta boy soğan
5-6 sivribiber
2 orta boy domates
2 çorba kaşığı tereyağı
veya margarin (60 gr.)
tuz, karabiber, kekik*

★ **7-8 kişilik**

HAZIRLANIŞI

Sacın çukur kısmına veya teflon tavaya tereyağını alıp eritelim. Etleri ekleyip ara sıra karıştırarak 5 dk. kavuralım. Ateşi kısarak etler suyunu bırakıp çekene dek kavurmaya devam edelim. Piyaz doğranmış soğanları ekleyerek 3-5 dk. daha kavuralım. İnce uzun dilimlenmiş mantarları, doğranmış sivribiberleri ekleyip mantarlar suyunu bırakıp çekene dek kavurmaya devam edelim. Kuşbaşı iriliğinde doğranmış domatesleri, tuzu ve baharatları ekleyerek etler iyice yumuşayana dek arada bir karıştırıp kavuralım. Kebabı lavaş ekmek veya pide ile servis yapalım.

KÂĞIT KEBABI

MALZEMELER

350 gr. kuşbaşı dana eti

1 orta boy havuç

1 orta boy kabak

2 orta boy patates

2 çorba kaşığı tereyağı veya margarin (60 gr.)

100 gr. bezelye (haşlanmış)

1 orta boy soğan

2-3 sivribiber

2 orta boy domates

tuz, karabiber

★★ **4-5 kişilik**

HAZIRLANIŞI

Tencereye tereyağını alıp eritelim. Etleri ekleyelim ve suyunu bırakıp çekene dek kavuralım. Piyaz doğranmış soğanı ekleyip pembeleşene dek kavuralım. Tavla zarı iriliğinde doğranmış havuçları ekleyip 2-3 dk. daha kavurmaya devam edelim. Kuşbaşı iriliğinde doğranmış kabak ve patatesleri, etlerin ve sebzelerin üzerini iki parmak aşacak kadar sıcak suyu ve tuzu ekleyerek ağır ateşte etler ve sebzeler yumuşayana dek pişirelim. Yağlı kâğıtları 20-25 cm. büyüklükte kareler halinde keselim. Kebabı delikli kepçe ile alarak kâğıtların bir taraflarına paylaştıralım. Üzerine haşlanmış bezelyeleri, dilimlenmiş domatesleri ve sivribiberleri ilave edelim. Kâğıtların boş tarafını diğer taraf üzerine kapatalım. Kenarlarını 2 kez çevirip sıkıştırarak kapatalım. Kâğıtların üzerine hafifçe sıvı yağ sürelim. Isıtılmış 200° ısılı fırında paketlerin üzeri renk değiştirene dek pişirelim. Paketleri fırından alıp ortalarını keserek servis yapalım.

BİFTEK, PONFİLE, PİRZOLALAR

FIRINDA MANTARLI BİFTEK

MALZEMELER

1/2 kg. biftek
3 orta boy domates
350 gr. mantar
75 gr. kaşar rendesi
1/2 çay bardağı sıvı yağ
1 tatlı kaşığı limon suyu
tuz, kekik

★ **4-5 kişilik**

HAZIRLANIŞI

Bifteklere arkalı önlü tuz ve kekik serpelim. Tavaya sıvı yağ alalım, biftekleri arkalı önlü hafifçe renk alana dek kızartalım. Mantarları ince uzun dilimleyerek limon suyu ilave edilmiş suda yumuşayana dek haşlayalım, süzgece alıp suyunu süzelim. Fırın kabını hafifçe yağlayarak yuvarlak kesilmiş domates dilimlerini dizelim. Üzerine biftekleri dizelim. Üzerine haşlanmış mantarları yayalım. Üzerine tuz ve karabiber serperek kaşar rendesi yayalım. Isıtılmış 200° ısılı fırında kaşarlar eriyip üzeri hafifçe pembeleşene dek pişirerek servis yapalım.

FIRINDA PATATESLİ BİFTEK

MALZEMELER

1/2 kg. biftek
5 orta boy patates
5 orta boy dolmalık biber
3 orta boy domates
4 çorba kaşığı sıvı yağ
1 su bardağı sıvı yağ (patatesler için)
tuz, karabiber, kekik

★ **4-5 kişilik**

HAZIRLANIŞI

Bifteklere arkalı önlü tuz ve kekik serpelim. Tavaya sıvı yağı alıp biftekleri arkalı önlü kızartalım. Patatesleri kalın yuvarlak dilimler halinde doğrayıp kızdırılmış sıvı yağda hafifçe renk alana dek kızartarak fırın kabına bir sıra halinde dizelim. Üzerine biftekleri dizelim. Üzerine tekrar bir sıra patates dilimlerini dizelim. Üzerine biberlerin çekirdek yataklarını çıkarıp yuvarlak dilimleyerek dizelim. Üzerine yuvarlak kesilmiş domates dilimlerini dizerek tuz ve karabiber serpelim ve 1-1,5 su bardağı sıcak su ekleyip fırın kabının üzerini alüminyum folyo ile kapatalım. Isıtılmış 200° ısılı fırında etler ve sebzeler yumuşayana dek pişirerek servis yapalım.

ISPANAK PÜRELİ DOMATESLİ BİFTEK

MALZEMELER

1/2 kg. biftek
3 orta boy domates
2 çorba kaşığı tereyağı veya margarin (50 gr.)
3-4 sivribiber
4-5 diş sarmısak
tuz, kekik

Ispanak püresi için
1/2 kg. ıspanak (yapraklı kısımları)
2 çorba kaşığı un
1 çorba kaşığı tereyağı veya margarin (30 gr.)
1 su bardağı süt
tuz, karabiber

★ **4-5 kişilik**

HAZIRLANIŞI

Bifteklere arkalı önlü tuz ve kekik serperek yayvan bir tencereye dizelim. Domatesleri rendeleyerek bifteklerin üzerine yayalım. Üzerine doğranmış sivribiberleri ve sarmısakları yayalım. Tereyağını küçük parçalar halinde etlerin üzerine yerleştirelim, ağır ateşte ve

kapaklı olarak biftekler yumuşayana dek pişirelim. Biftekleri ıspanak püresi ile servis yapalım. Ispanak püresi için, ayıklanıp yıkanmış ıspanak yapraklarını yıkayıp suyunu iyice süzerek çok ince bir şekilde doğrayalım. Tencereye tereyağını alıp eritelim ve unu ekleyelim. Sürekli karıştırarak un hafifçe sararana dek kavuralım. Ispanakları, tuzu ve karabiberi ekleyerek 1-2 dk. daha ıspanak yaprakları pörsüyene dek kavurmaya devam edelim. Sütü ekleyelim. Karıştırmaya ara vermeden püre koyulaşana dek pişirip ateşten alalım.

SAHANDA KEKİKLİ PİRZOLA

MALZEMELER
1/2 kg. pirzola
3 orta boy soğan
3 orta boy domates
4-5 sivribiber
4-5 diş sarmısak
1/2 çay bardağı sıvı yağ
tuz, kekik
★ **4-5 kişilik**

HAZIRLANIŞI
Pirzolalara arkalı önlü tuz ve kekik serperek yayvan bir tencereye dizelim. Üzerine piyaz doğranmış soğanları, sarmısakları, iri kesilmiş sivribiberleri yayalım. Üzerine domates dilimlerini dizelim. Üzerine tuzu ve sıvı yağı gezdirelim. Ağır ateşte ve kapaklı olarak pirzolalar yumuşayana dek pişirerek servis yapalım.

SEBZE GARNİTÜRLÜ BONFİLE

MALZEMELER
1/2 kg. bonfile
3 çay bardağı sıvı yağ
1 küçük boy karnabahar
2 orta boy patates
2 orta boy domates
1 orta boy soğan
2-3 sivribiber
1/2 çay bardağı sıvı yağ
3 çorba kaşığı krema
tuz, kekik
★ **4-5 kişilik**

HAZIRLANIŞI
Bonfilelere arkalı önlü tuz ve kekik serpelim. Tavaya sıvı yağı alıp bonfileleri arkalı önlü kapaklı olarak kızartalım. Bu arada garnitürü hazırlayalım. Karnabaharı haşlayıp küçük dallara ayıralım. Patatesleri haşlayıp soyarak dörde keselim. Tavaya sıvı yağı alalım. Küp doğranmış soğanı ekleyerek pembeleşene dek kavuralım. Küçük doğranmış sivribiberleri, tavla zarı iriliğinde doğranmış domatesleri, tuzu, karabiberi ekleyerek 2-3 dk. daha suyu çekilene dek kavuralım ve ateşten alalım. Bonfileleri servis tabağına alıp kenarına karnabahar dallarını ve patates dilimlerini yerleştirelim, üzerine kremayı gezdirelim. Bonfilelerin üzerine domates sosunu gezdirip servis yapalım.

DOMATESLİ BONFİLE

MALZEMELER

1/2 kg. bonfile

3 orta boy domates

2 orta boy soğan

6-7 diş sarmısak

4-5 sivribiber

1 çorba kaşığı tereyağı veya margarin (30 gr.)

3 defne yaprağı

4 çorba kaşığı sıvı yağ

tuz, karabiber

★ **4-5 kişilik**

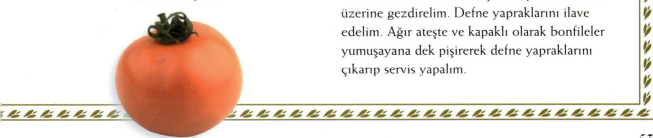

HAZIRLANIŞI

Bonfilelere arkalı önlü tuz ve karabiber serpelim. Tavaya tereyağını alıp eritelim. Bonfileleri hafifçe renk alana dek arkalı önlü kızartarak tavadan alıp yayvan bir tencereye dizelim. Ayrı bir tavaya sıvı yağı alıp piyaz doğranmış soğanları ve sarmısakları ekleyerek pembeleşene dek kavuralım. Tavla zarı iriliğinde doğranmış domatesleri, doğranmış sivribiberleri, tuzu ve karabiberi ekleyerek 2-3 dk. daha kavuralım ve ateşten alıp bonfilelerin üzerine gezdirelim. Defne yapraklarını ilave edelim. Ağır ateşte ve kapaklı olarak bonfileler yumuşayana dek pişirerek defne yapraklarını çıkarıp servis yapalım.

FIRINDA MANTAR SOSLU BONFİLE

MALZEMELER

1/2 kg. bonfile
1 orta boy soğan
1 orta boy domates
350 gr. mantar
2-3 sivribiber
1 çorba kaşığı tereyağı
veya margarin (30 gr.)
1/2 çay bardağı sıvı yağ
2 çorba kaşığı galeta unu
75 gr. kaşar rendesi
tuz, karabiber
★ **4-5 kişilik**

HAZIRLANIŞI

Bonfilelere arkalı önlü tuz ve karabiber serpelim. Tavaya tereyağını alıp eriterek bonfileleri arkalı önlü kızartalım. Ayrı bir tavaya sıvı yağı alalım. Küp doğranmış soğanları ekleyerek pembeleşene dek kavuralım. İnce uzun dilimlenmiş mantarları ekleyerek suyunu bırakıp çekene dek kavurmaya devam edelim. Tavla zarı iriliğinde doğranmış domatesleri, doğranmış sivribiberleri, tuzu ve karabiberi ekleyerek 3-4 dk. daha suyu çekilene dek kavuralım. Mantarlı harcı ateşten alıp galeta unu ekleyip karıştıralım. Bonfileleri bir fırın kabına dizelim, üzerine mantarlı harcı yayarak kaşar rendesi serpelim. Isıtılmış 200° ısılı fırının üst rafında kaşarlar eriyip üzeri hafifçe pembeleşene dek pişirerek servis yapalım.

SAKATATLAR

BEYİN PANE

MALZEMELER
2 dana beyni
2 yumurta
7-8 çorba kaşığı un
1 su bardağı sıvı yağ
1 orta boy soğan
1 orta boy havuç
1 demet maydanoz
tuz, karabiber
★ 4-5 kişilik

HAZIRLANIŞI
Beyinleri, içi buz dolu suyun içinde 10 dk. bekleterek sudan çıkarıp zarlarını soyalım ve tencereye yerleştirelim. Soğanı ve havucu dörde kesip maydanoz dalları ile birlikte tencereye alalım. Beyinlerin üzerini aşacak kadar sıcak su ekleyerek 10 dk. haşlayıp ateşten alalım. Beyinleri tenceresinde soğuttuktan sonra delikli kepçe ile alarak ceviz iriliğinde parçalar halinde doğrayalım. Unun içine tuz ve karabiber ekleyip karıştıralım. Beyin parçalarını önce una, sonra çırpılmış yumurtaya bulayarak kızgın sıvı yağda arkalı önlü kızartalım. Beyin panelere kürdan batırarak servis yapalım.

BÖBREK YAHNİSİ

MALZEMELER
1/2 kg. dana böbreği
1 orta boy domates
2 orta boy soğan
2-3 diş sarmısak
2-3 sivribiber
2 çorba kaşığı tereyağı veya margarin (50 gr.)
1/2 çorba kaşığı un
tuz, karabiber
★ 4-5 kişilik

HAZIRLANIŞI
Tencereye tereyağını alıp eritelim. Küp doğranmış soğanları ekleyerek pembeleşene dek kavuralım. Küçük kuşbaşı iriliğinde doğranmış böbreği ekleyerek suyunu bırakıp çekene dek kavurmaya devam edelim. Doğranmış sarmısakları, sivribiberleri ve tuzu ekleyerek böbrekler yumuşayana dek 2-3 dk. daha kavuralım. Unu ekleyip birkaç kez çevirerek tavla zarı iriliğinde doğranmış domatesi ekleyelim. Yahniyi 2-3 dk. daha kavurarak ateşten alıp servis yapalım.

FIRINDA KOKOREÇ

MALZEMELER
1/2 kg. kokoreç
(hazırlanmış, sarılmış kokoreç)
8-10 sivribiber
2 orta boy domates
3-4 çorba kaşığı sıvı yağ
tuz, pulbiber, kekik
yağlı kâğıt
★ 4-5 kişilik

HAZIRLANIŞI
Yağlı kâğıttan 25-30 cm. kenarlı 4-5 adet kare keselim. Domatesleri yuvarlak dilimleyelim. Sivribiberleri boyuna ikiye keselim. Kokoreçlere arkalı önlü tuz ve kekik serpelim. Yağlı kâğıtları hafifçe yağlayıp üzerlerine yan yana 2 kokoreç yerleştirelim, üzerine birer domates ve sivribiber dilimleri yerleştirelim. Tuz serperek yağlı kâğıtların karşılıklı kenarlarını bohça kapatır gibi kapatalım. Paketlerin üzerine de hafifçe yağ sürerek açılmadan pişmeleri için ortalarına birer kürdan batıralım. Isıtılmış 200° ısılı fırının orta rafında paketlerin üzeri hafifçe kızarana dek pişirerek fırından alıp ortalarını keselim ve servis yapalım.

KELLE PAÇA ÇORBASI

(GÜNEYDOĞU ANADOLU ÇORBASI)

MALZEMELER

1 koyun kellesi (temizlenmiş)
4 koyun paçası (temizlenmiş)
1 su bardağı nohut (akşamdan ıslatılmış)
7-8 diş sarmısak
1 kahve fincanı sirke
tuz, kırmızıbiber
★★★ **6-7 kişilik**

HAZIRLANIŞI

Akşamdan ıslatılan nohutları birkaç su yıkayalım. Kelle ve paçaları birkaç su yıkadıktan sonra basınçlı bir tencereye alalım. İçine nohutları ve üzerini 3-4 parmak aşacak kadar su ve tuz ilave edelim. Kelle ve paçalar yumuşayıp kemiklerinden ayrılana dek pişirelim. Sonra etleri kemiklerinden ayırıp didereк küçük doğrayalım. Kemiklerini atalım. Etleri tekrar tencereye aktarıp bir taşım kaynatarak ateşten alalım. Sarmısakları dövüp sirkeyle birlikte ilave edelim. Üzerine kırmızıbiber serperek servis yapalım.

TERBİYELİ PAÇA ÇORBASI

MALZEMELER

4 koyun paçası (temizlenmiş)
2 çorba kaşığı tereyağı veya margarin (40 gr.)
tuz, kırmızıbiber
Terbiyesi için
2 yumurta sarısı
7-8 diş sarmısak
1/2 çay bardağı sirke
★★★ **5-6 kişilik**

HAZIRLANIŞI

Paçaları birkaç su yıkadıktan sonra basınçlı bir tencereye alalım. Üzerlerini iki parmak aşacak kadar sıcak su ve tuz ekleyelim, paçalar iyice yumuşayıp kemiklerinden ayrılana dek pişirelim. Tencereyi ateşten alıp paça etlerini kemiklerinden ayıralım. Etleri tekrar tencereye aktaralım. Bir kapta yumurta sarılarını, sirkeyi ve dövülmüş sarmısakları çırpalım. Bir kepçe paça suyu ilave ederek terbiyeyi sulandıralım. Azar azar ve karıştırarak tencereye aktarıp ağır ateşte ve karıştırarak bir taşım daha kaynatalım. Paçayı çukur bir servis tabağına boşaltalım. Tereyağını eritip kırmızıbiberi ekleyerek ateşten alalım. Çorbanın üzerine gezdirerek servis yapalım.

BUMBAR DOLMASI

(DOĞU VE GÜNEYDOĞU ANADOLU YEMEĞİ)

MALZEMELER

Bumbar (temizlenmiş koyun bağırsağı)
1 su bardağı pirinç
3 orta boy soğan
1/2 koyun ciğeri
1 demet maydanoz
tuz, karabiber, kimyon, yenibahar
1/2 çay bardağı sıvı yağ
1 kahve fincanı sirke
1 su bardağı sıcak su (pirinç için)
1 çorba kaşığı salça
Sos için
4-5 diş sarmısak
1 kahve fincanı sıvı yağ
1 çorba kaşığı salça
1-2 defne yaprağı
1 çay bardağı su
tuz, kırmızıbiber, karabiber
1/2 limon suyu
★★★ **7-8 kişilik**

HAZIRLANIŞI

Temizlenmiş bumbarı birkaç su ters yüz ederek yıkayalım. Sirke ilave edilmiş su dolu bir kaba bumbarları yatırıp en az 1/2 saat bekletelim. Bu arada pirinçleri tuzlu suda 1/2 saat bekletelim. Bumbarları sirkeli sudan çıkarıp ters yüz ederek tekrar yıkayalım. Tavaya sıvı yağı alalım. Küp doğranmış soğanları ekleyip pembeleşene dek kavuralım. Pirinçleri yıkayarak tavaya alıp şeffaflaşana dek kavuralım. Bu arada ciğeri bir tencereye yerleştirip üzerini aşacak kadar sıcak su ekleyelim, yumuşayana dek haşlayalım.

Ciğeri delikli kepçe ile tencereden alarak tavla zarı iriliğinde doğrayıp bekletelim. Tencereye kıyılmış maydanozu, tuzu, baharatları, sıcak suyu ve salçayı ekleyerek pirinçler suyunu çekene dek pişirelim. Ciğerleri de ekleyip karıştıralım. Bumbarı 10 cm. aralıklarla keserek bir ucunu temiz bir iple bağlayalım. Hazırladığımız içi bumbarlarla dolduralım. Bumbarların diğer uçlarını da bağlayıp tencereye dizerek üzerine hafifçe aşacak kadar sıcak su ekleyelim. Ağır ateşte dolmalar yumuşayana dek pişirelim. Tavaya sıvı yağı alıp kızdıralım. Bumbarları hafifçe pembeleşene dek arkalı önlü kızartarak servis tabağına alalım. Aynı tavaya salçayı ve dövülmüş sarmısakları alıp 1-2 dk. kavuralım. Suyu, limon suyunu, defne yaprağını, tuzu, baharatları ilave edip bir taşım kaynatalım. Sosu bumbarların üzerine gezdirip servis yapalım.

İŞKEMBE DOLMASI

(MALATYA USULÜ)

MALZEMELER
1,5 kg. koyun işkembesi
1 çay bardağı bulgur
2 orta boy soğan
5 çorba kaşığı sıvı yağ
1 çorba kaşığı salça
1 çorba kaşığı tereyağı veya margarin (20 gr.)
tuz, pulbiber, kuru nane
★★★ **4-5 kişilik**

HAZIRLANIŞI
Temizlenmiş işkembeleri birkaç su yıkayıp bekletelim. Tavaya sıvı yağı alalım. Küp doğranmış soğanları ekleyerek pembeleşene dek kavuralım. Bulgurları ekleyip şeffaflaşana dek kavurmaya devam edelim. Salçayı ekleyip birkaç kez çevirelim, 1 çay bardağı sıcak suyu, tuzu ve baharatları ekleyerek bulgurlar suyunu çekene dek pişirelim. İşkembeleri 10-15 cm. kenarlı kareler halinde keselim. Bir kenarına bulgurlu iç koyup diğer kenarı üzerine kapatalım. Temiz bir iğne ve iplikle işkembelerin açık kenarlarını teğeller gibi dikip basınçlı bir tencereye dizelim. Dolmaların üzerini 3-4

parmak aşacak kadar sıcak su ekleyerek işkembeler yumuşayana dek 35-40 dk. pişirelim. Tencereyi ateşten alıp dolmaları delikli kepçe ile çıkaralım. Üzerlerine kızdırılmış tereyağ gezdirip servis yapalım.

CİĞER TAPLAMASI

CİĞER KÖFTESİ
(GÜNEYDOĞU ANADOLU YEMEĞİ)

MALZEMELER
1/2 kg. dana ciğeri
3 çay bardağı sıcak su (bulgur ve irmik için)
3 çorba kaşığı un
2 yumurta akı
1 çay bardağı ince bulgur
1 çay bardağı irmik veya döğme ufağı
3 su bardağı sıcak su
1/2 çorba kaşığı salça
2 çorba kaşığı tereyağı veya margarin (40 gr.)
tuz, kırmızıbiber, karabiber, kuru nane
★★ **4-5 kişilik**

HAZIRLANIŞI
Ciğeri blendır veya robot yardımıyla kıyma hailne getirelim. Bir kapta bulgur ve irmiği sıcak su ile ıslatalım, kabarıp yumuşayana dek 5 dk. bekletelim. İçine kıyma haline gelmiş ciğeri, salçayı, tuzu, baharatları, unu, yumurta aklarını ilave ederek elimizde şekil alacak kıvama gelene dek yoğuralım. Ciğerli harçtan ceviz iriliğinde parçalar koparıp yuvarlak ve yassı köfteler hazırlayalım. Tencereye su ve tuz ekleyip kaynatalım. Köfteleri ilave edelim. Ağır ateşte köfteler yumuşayana dek haşlayalım. Köfteleri delikli kepçe ile alıp üzerine kızdırılmış kırmızıbiberli tereyağı gezdirerek servis yapalım.

CİĞERLİ GÖMLEK KEBABI
(İZMİR VE YÖRESİ YEMEĞİ)

MALZEMELER

1/2 kg. dana ciğeri

3-4 dal taze soğan

1/2 demet dereotu

1/2 demet nane

1/2 demet maydanoz

2 çorba kaşığı tereyağı veya margarin (50 gr.)

1 koyun gömleği (yağı alınmış iç zarı)

2 yumurta

tuz, karabiber

★★ 4-5 kişilik

HAZIRLANIŞI

Koyun gömleğini yıkayıp sıcak suda 1/2 saat bekletelim. Ciğerin zarını soyup küçük kuşbaşı iriliğinde doğrayalım. Tencereye tereyağını alıp eritelim, ciğerleri ilave ederek suyunu bırakıp çekene dek kavuralım. İnce doğranmış taze soğanları ekleyip 1-2 dk. daha kavurarak ateşten alalım. İçine kıyılmış dereotunu, maydanozu, taze naneyi, tuzu, karabiberi ekleyip karıştıralım. Ciğerli harç iyice ılıyınca yumurtaları ekleyip karıştıralım. Fırın kabını margarinle hafifçe yağlayarak kuzu gömleği zarını uçlarını dışa sarkıtarak serelim. İçine ciğerli harcı düzgünce yayalım, kuzu gömleğinin uçlarını ciğerlerin üzerine çevirip kapatalım. Uçların birleştiği kısımları kürdanla teğel yapar gibi tutturalım. Isıtılmış 200° ısılı fırında gömleğin üzeri nar gibi kızarana dek pişirip dilimleyerek servis yapalım.

> **K**oyun gömleği sakatatçılarda bulunur.
>
> **K**oyun gömleğinin yağlı kısımlarını çıkararak kullanın.
>
> **C**iğerin zarını soyduktan sonra yıkamayın, sertleşir.

GÖMLEKLİ CİĞER DOLMASI

MALZEMELER

350 gr. dana ciğeri

1 koyun gömleği (yağı alınmış iç zarı)

1 orta boy soğan

1/2 su bardağı pirinç

1 çorba kaşığı çamfıstığı

1 çorba kaşığı kuşüzümü

4 çorba kaşığı sıvı yağ

3-4 dal taze soğan

1/4 demet dereotu

1/2 çay kaşığı tarçın

tuz, karabiber, kuru nane

★★ 4-5 kişilik

HAZIRLANIŞI

Koyun gömleğini yıkayıp sıcak suda 1/2 saat bekletelim. Ciğerin zarını soyup küçük kuşbaşı iriliğinde doğrayarak tencereye alalım. Ciğerler suyunu bırakıp çekene dek pişirelim. Ayrı bir tencereye sıvı yağı alalım. Küp doğranmış soğanı ve fıstıkları ekleyip soğanlar pembeleşene dek kavuralım. Yıkanmış pirincin suyunu iyice süzerek ilave edip pirinçler şeffaflaşana dek kavurmaya devam edelim. 1 su bardağı sıcak suyu, kıyılmış dereotunu, kuşüzümünü, küçük doğranmış taze soğanları, ciğerleri, tuzu ve baharatları ekleyip 2-3 dk. daha, pirinçler suyunu çekene dek pişirerek ateşten alalım. Koyun gömleğini 4-5 eşit kare parça olacak şekilde keselim. Her gömlek parçasının ortasına ciğerli harcı paylaştırıp bohça kapatır gibi karşılıklı kenarlarını kapatalım, ters çevirip hafifçe yağladığımız fırın kabına dizelim. Fırın kabına 1,5 su bardağı sıcak su boşaltarak ısıtılmış 200° ısılı fırında gömleklerin üzeri nar gibi kızarana dek pişirip servis yapalım. Ciğerin zarını soyduktan sonra yıkamayın, sertleşir.

ARNAVUT CİĞERİ

MALZEMELER

1/2 kg. dana ciğeri
1 su bardağı un
1 su bardağı sıvı yağ
tuz, kırmızıbiber
<u>*Garnitür olarak*</u>
1/2 demet maydanoz
2 orta boy soğan
tuz, sumak
★ **4-5 kişilik**

HAZIRLANIŞI

Ciğerin zarını soyup kuşbaşı iriliğinde doğrayalım. Unun içine tuz ve kırmızıbiber ekleyip karıştıralım. Ciğerleri una yatırıp karıştıralım ve geniş, delikli süzgece alıp unun fazlasını silkeleyelim. Ciğerleri kızdırılmış sıvı yağda ve harlı ateşte birkaç partide kızartarak delikli kepçe ile alalım. Piyaz doğranmış soğanı tuzla ovup sudan geçirerek suyunu sıkalım. Sumak ve kıyılmış maydanoz ekleyip karıştırarak ciğerin yanında servis yapalım.

Ciğerin zarını soyduktan sonra yıkamayın, sertleşir.

Ciğerleri unla karıştırdıktan sonra unun fazlasını iyice silkeleyin.

Ciğerlerin sulanmaması için çok harlı ateşte ve iyice kızdırılmış yağda ve birkaç kerede karıştırarak kızartın.

Ciğer Şiş

Ciğerin zarını soyup küçük kuşbaşı iriliğinde doğrayalım. Bir kapta sütü, sıvı yağı, biberiyeyi, kekiği, tuzu, pulbiberi karıştırarak ciğerlerin üzerine gezdirelim. 2-3 saat, arada bir karıştırarak bekletelim. Sonra ciğerleri şişlere dizip fırın ızgarasında veya kömür ateşinde çevirerek yumuşayana dek pişirelim. Lavaş ekmek veya pide ile servis yapalım.

> **C**iğerlerin zarını soyduktan sonra yıkamayın, sertleşir.
>
> **C**iğeri yaprak şeklinde doğrayıp terbiyede beklettikten sonra ızgarada da pişirebilirsiniz.

CİĞER YAHNİSİ

(SİİRT YEMEĞİ)

MALZEMELER

350 gr. dana ciğeri
1 su bardağı nohut (haşlanmış)
1/2 çay bardağı sıvı yağ
2 orta boy soğan
1 çorba kaşığı salça
1 su bardağı sıcak su (bulgur için)
1 yumurta
1 su bardağı ince bulgur
3 çorba kaşığı un (tepeleme)
1 tatlı kaşığı sumak
tuz, kırmızıbiber
★★★ 5-6 kişilik

HAZIRLANIŞI

Bir kapta bulguru, sıcak su ile ıslatarak kabarıp
yumuşayana dek 5 dk. bekletelim, sonra içine
unu, tuzu, kırmızıbiberi, yumurtayı ekleyelim.
Bulgur hamuruna ara sıra su serperek elimizde
şekil alacak kıvama gelene dek iyice yoğuralım.
Bulgur hamurundan bilye iriliğinde köfteler
hazırlayalım. Ciğerin zarını soyup küçük
kuşbaşı iriliğinde doğrayalım. Tencereye
ciğerleri alarak suyunu bırakıp çekene dek
pişirelim. Sonra piyaz doğranmış soğanları
ve sıvı yağı ilave edelim. Soğanlar ve ciğerler
yumuşayana dek ara sıra karıştırarak 2-3 dk.
kavuralım. Salçayı ekleyip 1/2 dk. daha
kavuralım. Haşlanmış nohutları, bulgur
köftelerini, tuzu, sumağı ve üzerlerini
1 parmak aşacak kadar sıcak suyu ilave ederek
ağır ateşte bulgur köfteleri yumuşayana dek
10-15 dk. pişirip servis yapalım. Ciğerin zarını
soyduktan sonra yıkamayın, sertleşir.

PATATESLİ, BAHARLI CİĞER TAVA

MALZEMELER

1/2 kg. dana ciğeri
3 orta boy patates
2 orta boy havuç
4-5 dal taze soğan
1/2 demet maydanoz
tuz, kekik, pulbiber
★ 4-5 kişilik

HAZIRLANIŞI

Ciğerin zarını soyup küçük kuşbaşı iriliğinde
doğrayalım. Patatesleri ve havucu küçük
kuşbaşı iriliğinde doğrayarak kızdırılmış sıvı
yağda kızartıp delikli kepçe ile alalım. Yağın
yarısını ayıralım. Tavada kalan yağı kızdıralım,
ciğerleri ekleyip arada bir karıştırarak ciğerler
yumuşayana dek kavuralım. Ciğerleri delikli
kepçe ile alarak havuç ve patateslerin üzerine
aktaralım. İçine kıyılmış taze soğanları,
maydanozu, tuzu, kekiği, pulbiberi ekleyip
karıştıralım. Arzuya göre lavaş ekmekle dürüm
yaparak veya servis tabağına alarak servis
yapalım. Ciğerin zarı soyulduktan sonra
yıkamayın, sertleşir.

NOHUTLU İŞKEMBE YAHNİSİ

MALZEMELER

2 koyun işkembesi (temizlenmiş)

9 su bardağı su

1 su bardağı nohut (akşamdan ıslatılmış)

1 limon kabuğu

5-6 diş sarmısak

2 orta boy soğan

2 orta boy domates

5-6 sivribiber

2 çorba kaşığı tereyağı

veya margarin (50 gr.)

tuz, karabiber

★★★ 5-6 kişilik

HAZIRLANIŞI

Nohutları birkaç su yıkayıp akşamdan ıslatalım. Ertesi gün nohutları basınçlı bir tencereye alıp üzerini 2 parmak aşacak kadar su ekleyerek yumuşayana dek haşlayalım. Nohutları delikli kepçeyle tencereden alıp bekletelim. Temizlenmiş işkembeleri birkaç su yıkayıp basınçlı bir tencereye alalım. Üzerine suyu, iri doğranmış limonun kabuğunu, sarmısakları ve tuzu ekleyerek ağır ateşte işkembeler yumuşayana dek pişirelim. İşkembeleri delikli kepçe ile tencereden alıp 2 cm.lik kareler halinde doğrayalım ve bekletelim. Bir başka tencereye tereyağını alıp eritelim. Küp doğranmış soğanı ekleyip pembeleşene dek kavuralım. Küçük doğranmış sivribiberleri, tavla zarı iriliğinde doğranmış domatesleri ekleyip 2-3 dk. daha kavuralım. Nohutları, işkembeleri, tuzu ve karabiberi ekleyelim. İşkembelerin haşlanma suyunu tel süzgeçten geçirelim. İşkembeli harcın üzerini hafifçe aşacak kadar sıcak işkembe suyu ekleyerek ağır ateşte 15-20 dk. daha pişirelim ve servis yapalım.

KÖFTELER

KUŞ YUVASI KÖFTE

MALZEMELER

400 gr. kıyma (yağsız)

1 orta boy soğan

1 yumurta sarısı

4-5 dilim bayat ekmek içi

1 çorba kaşığı salça

tuz, karabiber, köfte baharatı

<u>Sebzeli harç için</u>

1 orta boy soğan

4-5 sivribiber

2 orta boy domates

3 çorba kaşığı sıvı yağ

75 gr. kaşar rendesi

★★ **4-5 kişilik**

HAZIRLANIŞI

Kıymayı bir kaba alalım. İçine ufalanmış ekmek içini, yumurta sarısını, tuzu ve baharatları ekleyelim. Soğanı rendeleyip suyunu sıkarak posasını ekleyelim. Köfte harcını iyice yoğurarak yumurta iriliğinde parçalar koparalım. Elimizle yuvarlak şekil verip iç kısmını oyarak köftelerin kâse şekli almasını sağlayalım. (Köftelerin taban kısmını ve yan kenarlarını mümkün olduğunca incelterek oyun.) Köfteleri hafifçe yağlanmış fırın kabına dizerek ısıtılmış 200° ısılı fırında hafifçe kızarana dek pişirelim. Bu arada tavaya sıvı yağı alıp küp doğranmış soğanı ekleyerek pembeşelene dek kavuralım. Küçük doğranmış sivribiberleri ve tavla zarı iriliğinde doğranmış domatesleri, tuzu ve karabiberi ekleyerek 2-3 dk. daha kavuralım. Köfteleri fırından alıp sebzeli harcı köftelerin boşluklarına dolduralım. Üzerlerine kaşar rendesi serpelim. Salçayı 1-1,5 su bardağı sıcak su ile inceltip fırın kabına kenarından boşaltalım, köfteleri önceden ısıtılmış 200° ısılı fırında kaşarlar eriyip üzeri hafifçe pembeleşene dek ikinci kez pişirerek fırından alalım ve sosu ile birlikte servis yapalım.

SANDAL KÖFTE

MALZEMELER

400 gr. kıyma (yağsız)

1 yumurta sarısı

1 orta boy soğan

4-5 dilim bayat ekmek içi

tuz, karabiber, köfte baharatı

1 çorba kaşığı salça

<u>Mantarlı harç için</u>

1 orta boy soğan

4 çorba kaşığı sıvı yağ

250 gr. mantar

1-2 sivribiber

1 orta boy domates

tuz, karabiber

75 gr. kaşar rendesi

★★ **4-5 kişilik**

HAZIRLANIŞI

Kıymayı bir kaba alalım, içine yumurta sarısını, bayat ekmek içini, tuzu, baharatları ekleyelim. Soğanı rendeleyip suyunu sıkarak posasını ekleyelim. Köfte harcını iyice yoğurarak yumurta iriliğinde parçalar koparalım. Elimizle yuvarlak şekil verip iç kısmını oyarak köftelerin kâse şekli almasını sağlayalım. (Köftelerin taban kısmını ve yan kenarlarını mümkün olduğunca incelterek oyun.) Köfteleri hafifçe yağlanmış fırın kabına dizerek ısıtılmış 200° ısılı fırında hafifçe kızarana dek pişirelim. Bu arada tavaya sıvı yağı alıp küp doğranmış soğanı ekleyerek pembeşelene dek kavuralım. İnce uzun dilimlenmiş mantarları ekleyelim, suyunu bırakıp çekene dek kavurmaya devam edelim. Küçük doğranmış sivribiberleri, tavla zarı iriliğinde doğranmış domatesi, tuzu ve karabiberi ekleyerek 2-3 dk. daha kavuralım. Köfteleri fırından alıp mantarlı harcı köftelerin boşluklarına dolduralım. Üzerine kaşar rendesi serpelim. Salçayı 1-1,5 su bardağı sıcak su ile inceltip fırın kabının kenarından boşaltalım, köfteleri ısıtılmış 200° ısılı fırında kaşarlar eriyip üzeri hafifçe pembeleşene dek ikinci kez pişirerek fırından alalım ve sosu ile birlikte servis yapalım.

KURU KÖFTE

MALZEMELER

400 gr. kıyma
(az yağlı koyun kıyması)
1 orta boy soğan
4-5 dilim bayat ekmek içi
1 yumurta
tuz, karabiber, kimyon
4-5 çorba kaşığı un
1/2 su bardağı sıvı yağ
★ **4-5 kişilik**

HAZIRLANIŞI

Kıymayı bir kaba alalım. İçine ufalanmış ekmek içini, yumurtayı, tuzu ve baharatları ekleyelim. Soğanı rendeleyip suyunu sıkarak posasını ekleyelim. Köfte harcını iyice yoğurarak parmak iriliğinde yuvarlak silindirik köfteler hazırlayalım. Köfteleri una bulayıp kızdırılmış sıvı yağda, ağır ateşte ve kapaklı olarak arkalı önlü kızartalım ve patates tavası ile birlikte servis yapalım.

Saksı Köfte

MALZEMELER

400 gr. kıyma (yağsız)
1 orta boy soğan
4-5 dilim bayat ekmek içi
1 yumurta sarısı
tuz, karabiber, köfte baharatı
1 çorba kaşığı salça
<u>*Sebze harcı için*</u>
1 orta boy havuç (haşlanmış)
2 orta boy patates (haşlanmış)
5 çorba kaşığı bezelye (haşlanmış)
1/4 demet maydanoz
1/4 demet dereotu
75 gr. kaşar rendesi
★★ **4-5 kişilik**

HAZIRLANIŞI

Kıymayı bir kaba alalım. İçine yumurta sarısını, ufalanmış ekmek içini, tuzu, baharatları ekleyelim. Soğanı rendeleyip suyunu sıkarak posasını ekleyelim. Köfte harcını iyice yoğurarak yumurta iriliğinde parçalar koparalım. Elimizle yuvarlak şekil verip iç kısmını oyarak köftelerin kâse şekli almasını sağlayalım. (Köftelerin taban kısmını ve yan kenarlarını mümkün olduğunca incelterek oyun.) Köfteleri hafifçe yağlanmış fırın kabına dizerek önceden ısıtılmış 200° ısılı fırında hafifçe kızarana dek pişirelim. Bu arada haşlanmış havucu ve patatesi tavla zarı iriliğinde doğrayalım. İçine haşlanmış bezelyeyi, kıyılmış maydanozu, dereotunu, tuzu ekleyip karıştıralım. Köfteleri fırından alıp sebzeli harcı köftelerin boşluklarına dolduralım, üzerine kaşar rendesi serpelim. Salçayı 1-1,5 su bardağı sıcak su ile inceltip fırın kabının kenarından boşaltalım, köfteleri ısıtılmış 200° ısılı fırında kaşarlar eriyip üzeri hafifçe pembeleşene dek ikinci kez pişirerek fırından alalım ve sosu ile birlikte servis yapalım.

MANTARLI DİLPEYNİRLİ RULO KÖFTE

MALZEMELER

750 gr. yağsız kıyma (iki kere çekilmiş)

2 yumurta

2 orta boy soğan

5-6 dilim bayat ekmek içi

tuz, karabiber, köfte baharatı

Köftenin içine

4-5 dilim dilpeyniri

350 gr. mantar (haşlanmış)

Garnitür için

4-5 orta boy patates (haşlanmış)

1/2 paket krema (100 g.)

1/2 çay bardağı süt

tuz

★★ **6-7 kişilik**

HAZIRLANIŞI

Kıymayı bir kaba alalım. İçine ufalanmış ekmek içini, tuzu, baharatları, yumurta sarılarını ekleyelim. Soğanı rendeleyip suyunu sıkarak posasını ekleyelim. Köfte harcını iyice yoğuralım. Yağlı kâğıdı serip hafifçe margarinle yağlayalım. Üzerine köfte harcını 1/2 cm kalınlığında dikdörtgen şekil vererek yayalım. Haşlanmış mantarları ince uzun dilimler halinde keselim. Dilpeynirini küp doğrayalım. Köfte harcının orta kısmına uzunlamasına mantarları ve dilpeynirini yayalım. Köfte harcının uzun kenarlarını yağlı kâğıt ile birlikte üst tarafa doğru çevirip rulo yaparak karşılıklı kenarlarını üst üste kapatalım. Yağlı kâğıdın yan kenarlarını ve üstteki kenarlarını sıkıca kapatalım. Köfteyi ek yeri alta gelecek şekilde ters çevirelim. Önceden ısıtılmış 200° ısılı fırında köfteyi 35-40 dk. pişirerek fırından alalım. Üzerinden yağlı kâğıdı çıkarıp dilimleyerek servis tabağına alalım. Köfte dilimlerinin kenarlarına haşlanmış ve dilimlenmiş patatesleri dizelim. Kremaya tuz ve süt ekleyip çırparak patates dilimleri üzerine gezdirelim ve servis yapalım.

HASANPAŞA KÖFTESİ

MALZEMELER

400 gr. kıyma (yağsız)

4-5 dilim bayat ekmek içi

1 yumurta sarısı

1 orta boy soğan

1 çorba kaşığı salça

tuz, karabiber, köfte baharatı

Püresi için

5 orta boy patates (haşlanmış)

75 gr. kaşar rendesi

1/2 su bardağı süt

tuz

★★ **4-5 kişilik**

HAZIRLANIŞI

Kıymayı bir kaba alalım. İçine bayat ekmek içini, tuzu, baharatları ve yumurta sarısını ekleyelim. Soğanı rendeleyip suyunu sıkarak posasını ekleyelim. Köfte harcını iyice yoğurarak yumurta iriliğinde parçalar koparalım. Elimizle yuvarlak şekil verip iç kısmını oyarak köftelerin kâse şekli almasını sağlayalım. (Köftelerin taban kısmını ve yan kenarlarını mümkün olduğunca incelterek oyun.) Köfteleri hafifçe yağlanmış fırın kabına dizerek ısıtılmış 200° ısılı fırında hafifçe kızarana dek pişirelim. Bu arada püreyi hazırlayalım. Haşlanmış patatesleri sıcakken rendeleyip içine sütü, kaşar rendesini ve tuzu ekleyip karıştıralım. Köfteleri fırından alıp püreyi boşluklarına dolduralım. Salçayı 1-1,5 su bardağı sıcak su ile inceltip fırın kabının kenarından boşaltalım, köfteleri ısıtılmış 200° ısılı fırında pürenin üzeri hafifçe pembeleşene dek ikinci kez pişirerek fırından alalım ve sosu ile birlikte servis yapalım.

DALYAN KÖFTE

MALZEMELER

750 gr. yağsız kıyma (iki kere çekilmiş)

2 yumurta (akı, sarısı ayrılır)

2 orta boy soğan

5-6 dilim bayat ekmek içi

1 çorba kaşığı salça

tuz, karabiber, köfte baharatı

Köftenin içine

2 yumurta (haşlanmış)

2 orta boy patates (haşlanmış)

1 iri boy havuç (haşlanmış)

150 gr. bezelye (haşlanmış)

★★ **6-7 kişilik**

HAZIRLANIŞI

Kıymayı bir kaba alalım. İçine ufalanmış ekmek içini, tuzu, baharatları, yumurta sarılarını ekleyelim. Soğanları rendeleyip suyunu sıkarak posasını ekleyelim. Köfte harcını iyice yoğurarak margarinle yağlanmış fırın kabına alalım. Köfte harcını 1/2 cm. kalınlığında dikdörtgen bir şekil vererek yayalım, haşlanmış havucu tavla zarı iriliğinde doğrayarak haşlanmış bezelyelerle karıştıralım. Tuzunu ayarlayalım. Köfte harcının orta kısmına uzunlamasına haşlanmış bir patates, yanına biraz bezelye-havuç karışımı, onun yanına haşlanmış bir yumurta, yanına tekrar bezelye-havuç karışımı olmak üzere malzeme bitene dek sıralayalım. Köfte harcının karşılıklı iki kenarını üst tarafa çevirelim. Kenarları hafifçe üst üste bindirip yapıştıralım. Köfteyi ek yeri alta gelecek şekilde ters çevirelim. 1 fiske tuzla çırpılmış yumurta akını rulonun yanlarına ve üzerine fırça ile sürelim. Önceden ısıtılmış 200° ısılı fırında köftenin üzeri kızarana dek 25-30 dk. pişirelim. Salçayı 1-1,5 su bardağı su ile inceltip kaşık yardımı ile köftenin üzerine ve fırın kabına gezdirelim. Köfteyi salçalı sosu ile birlikte 10 dk. daha pişirerek fırından alıp ılıttıktan sonra dilimleyip servis yapalım.

PİLİÇ DALYAN

MALZEMELER

750 gr. tavuk kıyması

6-7 dilim bayat ekmek içi

2 yumurta sarısı + 1 yumurta

2 orta boy soğan

1/2 kg. ıspanak

2 orta boy havuç (haşlanmış)

tuz, karabiber, köfte baharatı

Sosu için

1 su bardağı tavuk suyu veya su

1/2 çorba kaşığı nişasta

1/2 çorba kaşığı salça

tuz, karabiber, yenibahar, köri

3 çorba kaşığı sıvı yağ

★★ **6-7 kişilik**

HAZIRLANIŞI

Tavuk kıymasını bir kaba alalım. İçine ufalanmış ekmek içini, tuzu, baharatları, yumurtaları ekleyelim. Soğanı rendeleyip suyunu sıkarak posasını ekleyelim ve köfte harcını iyice yoğuralım. Alüminyum folyoyu serip hafifçe margarinle yağlayalım. Üzerine köfte harcını 1/2 cm. kalınlığında dikdörtgen şekil vererek yayalım. Ispanakları ayıklayıp yıkayarak hiç su ilave etmeden kendi ıslaklıkları ile haşlayıp süzgece alalım ve suyunu iyice süzelim. Ispanakları ince doğrayıp tuz ve karabiber serperek karıştıralım. Köfte harcının üzerine ıspanağı yayalım. Orta kısmına uzunlamasına haşlanmış havuçları yerleştirelim. Köfte harcının uzun kenarlarını folyo ile birlikte üst tarafa doğru çevirip rulo yaparak karşılıklı kenarları üst üste kapatalım. Folyonun yan kenarlarını ve üstteki kenarlarını sıkıca kapatalım. Önceden ısıtılmış 200° ısılı fırında köfteyi 35-40 dk. pişirerek fırından alalım. Üzerinden yağlı kâğıdı çıkarıp dilimleyelim, üzerine sos gezdirip servis yapalım. Sosu için, tavaya sıvı yağı alalım. Salçayı ekleyip 1/2 dk. kavuralım. Bir kapta nişastayı ve tavuk suyunu inceltip topaksız kıvama getirerek ekleyelim. Tuzu ve baharatları da ekleyip bir taşım kaynatarak ateşten alalım.

GONDOL KÖFTE

MALZEMELER

400 gr. kıyma (yağsız)
4-5 dilim bayat ekmek içi
1 orta boy soğan
1 yumurta sarısı
tuz, karabiber, köfte baharatı
1 çorba kaşığı salça
<u>*Mantarlı harcı için*</u>
400 gr. mantar
1/4 limon suyu
1/2 demet maydanoz
tuz, karabiber
★★ **4-5 kişilik**

HAZIRLANIŞI

Kıymayı bir kaba alalım. İçine ufalanmış ekmek içini, yumurta sarısını, tuzu ve baharatları ekleyelim. Soğan rendeleyip suyunu sıkarak posasını ekleyelim. Köfte harcını iyice yoğurarak, yumurta iriliğinde parçalar koparalım. Elimizle yuvarlak şekil verip iç kısmını oyarak köftelerin kâse şekli almasını sağlayalım. (Köftelerin taban kısmını ve yan kenarlarını mümkün olduğunca inceltererk oyun.) Köfteleri hafifçe yağlanmış fırın kabına dizelim, ısıtılmış 200° ısılı fırında hafifçe kızarana dek pişirelim. Bu arada mantarları ince uzun dilimleyerek limonlu suda yumuşayana dek haşlayalım, süzgece alıp suyunu süzerek, kıyılmış maydanozu, tuzu ve karabiberi ekleyip karıştıralım. Köfteleri fırından alıp mantarlı harcı köftelerin boşluklarına doldurarak üzerine kaşar rendesi serpelim. Salçayı 1-1,5 su bardağı sıcak su ile inceltip fırın kabının kenarından boşaltalım, köfteleri ısıtılmış 200° ısılı fırında kaşarlar eriyip üzeri hafif pembeleşene dek ikinci kez pişirerek fırından alalım ve sosu ile birlikte servis yapalım.

HARDALLI DALYAN KÖFTE

MALZEMELER

750 gr. yağsız kıyma (iki kere çekilmiş)
2 yumurta sarısı
2 orta boy soğan
5-6 dilim bayat ekmek içi
tuz, karabiber, köfte baharatı
<u>*Köftenin içine*</u>
3 orta boy patates (haşlanmış)
1 çorba kaşığı hardal
150 gr. bezelye (haşlanmış)

★★ **6-7 kişilik**

HAZIRLANIŞI

Kıymayı bir kaba alalım. İçine ufalanmış ekmek içini, tuzu, baharatları ve yumurta sarılarını ekleyelim. Soğanı rendeleyip suyunu sıkarak posasını ekleyelim. Köfte harcını iyice yoğuralım. Haşlanmış patatesleri rendeleyip tuz serperek karıştıralım. Alüminyum folyoyu serip hafifçe margarinle yağlayalım, üzerine köfte harcını 1/2 cm kalınlığında dikdörtgen şekil vererek yayalım. Üzerine hardalı sürelim. Üzerine patates püresini yayalım. Haşlanmış bezelyeleri pürenin orta kısmına uzunlamasına yayalım. Köfte harcının uzun kenarlarını alüminyum folyo ile birlikte üst tarafa doğru çevirip rulo yaparak karşılıklı kenarlarını üst üste kapatalım. Köfteyi ek yeri alta gelecek şekilde ters çevirelim. Önceden ısıtılmış 200° ısılı fırında köfteyi 35-40 dk. pişirerek fırından alalım. Alüminyum folyoyu çıkarıp dilimleyelim ve servis yapalım.

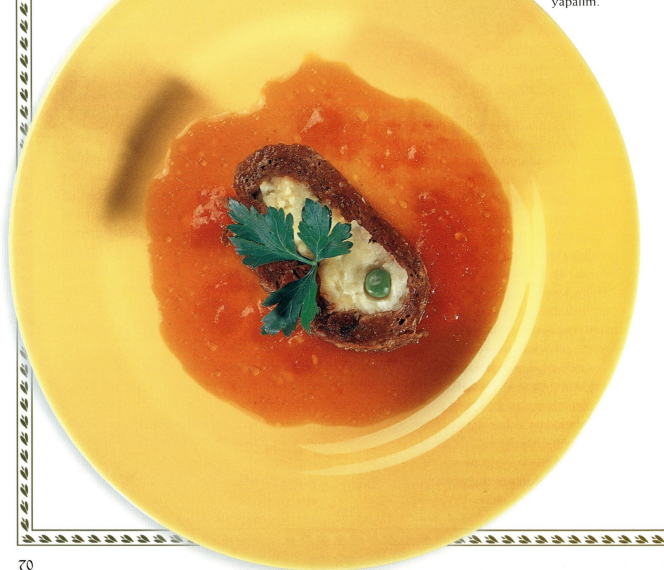

ÇUKUROVA SİNİ KÖFTESİ

MALZEMELER

2 su bardağı ince bulgur
2 su bardağı sıcak su
3 orta boy patates (haşlanmış)
200 gr. kıyma (orta yağlı)
1 çorba kaşığı salça
tuz, karabiber, köfte baharatı

Köfte nin içine

200 gr. kıyma (yağsız)
1 orta boy soğan
3 çorba kaşığı sıvı yağ
tuz, karabiber

★★ **6-7 kişilik**

HAZIRLANIŞI

Tavaya sıvı yağı alıp, küp doğranmış soğanı ve kıymayı ekleyerek kıymanın suyu çekilene dek 2-3 dk. kavuralım. Tuzu, karabiberi ekleyip ateşten alalım. Bir kaba bulguru alalım. 2 su bardağı sıcak su ekleyerek 5 dk. bekletip bulgurların yumuşayıp şişmesini sağlayalım. Sonra içine yağsız kıymayı, haşlanıp rendelenmiş patatesleri, tuzu, karabiberi, salçayı ekleyerek iyice yoğuralım. Bulgur hamurunu ikiye ayıralım. Fırın kabını margarinle yağlayıp hafifçe un serpiştirerek içine bulgur hamurunun yarısını yayalım. Kenarlarını hafifçe yükselterek üzerine kıymalı harcı yayalım. Kalan bulgur hamurunu fırın kabı büyüklüğünde açarak kıymalı harcın üzerine düzgünce yayalım ve kare dilimler halinde keselim. Üzerine 1-2 çorba kaşığı sıvı yağ sürerek önceden ısıtılmış 200° ısılı fırında üzeri pembeleşene dek pişirelim ve fırından alıp servis yapalım.

Bulgur hamurunun tepsideki kalınlığı 1/2 cm olmalıdır. Buna göre bir fırın kabı tercih ederek köftenizi hazırlayın.

BULGURLU (PÜRELİ) KÖFTE

MALZEMELER

400 gr. kıyma (yağsız)
1/2 su bardağı ince bulgur
1 orta boy soğan
1 yumurta sarısı
1/2 su bardağı sıvı yağ
tuz, karabiber, köfte baharatı

Sosu için

1 çorba kaşığı salça
2-3 diş sarmısak
1 tatlı kaşığı şeker
1/4 limon suyu
1/2 su bardağı su
tuz, karabiber, kekik

Püresi için

5 orta boy patates (haşlanmış)
1 çay bardağı süt
2 çorba kaşığı tereyağı
veya margarin (40 gr.)
(arzuya göre) 1 fiske muskat rendesi
tuz

★ **4-5 kişilik**

HAZIRLANIŞI

Kıymayı bir kaba alalım. İçine ince bulguru rendelenmiş soğanı, tuzu, baharatları, yumurta sarısını ekleyip köfte harcını iyice yoğurarak yuvarlak ve yassı köfteler hazırlayalım. Köfteleri kızdırılmış sıvı yağda, ağır ateşte ve kapaklı olarak arkalı önlü kızartalım. Kızaran köfteleri patates püresi ile birlikte ve sosuyla servis yapalım. Püresi için, haşlanmış patatesleri sıcakken rendeleyip içine sıcak sütü, tereyağını, tuzu, 1 fiske muskatı ekleyip çok ağır ateşte çırpma teli ile karıştırarak püreyi pürüzsüz bir kıvama getirelim. Püreye muskatı fazla kaçırmayın, fazlası püreye hoş olmayan bir acılık kazandırır. 1 fiske, başparmak ve işaret parmağınız arasında tutabildiğiniz miktardır. Sosu için, Tavaya sıvı yağı alalım. Salçayı ve dövülmüş sarmısakları ekleyerek 1/2 dk. kavuralım. Tuzu, şekeri, baharatları, limon suyunu ve suyu ekleyip bir taşım kaynatarak sosu ateşten alalım.

KÖFTELİ ŞEFTALİ KEBABI

ŞEF ALİ KÖFTESİ

(KIBRIS YEMEĞİ)

MALZEMELER

400 gr. kıyma (yağsız)
1 orta boy soğan
4-5 dilim bayat ekmek içi
1 çorba kaşığı kuşüzümü
1 çorba kaşığı dolmalık fıstık (kıyılmış)
kuzu gömleği (yağı alınmış)
1 çorba kaşığı salça
tuz, karabiber, köfte baharatı

★★ 5-6 kişilik

HAZIRLANIŞI

Kıymayı bir kaba alalım. İçine ufalanmış ekmek içini, kuşüzümünü, dolmalık fıstığı, tuzu, baharatları ekleyelim. Soğanı rendeleyip suyunu sıkarak posasını ekleyelim. Köfte harcını iyice yoğurup altı parçaya ayırarak yuvarlak ve yassı köfteler hazırlayalım. Kuzu gömleğini köfteleri alabilecek şekilde altı parçaya keselim. Köfteleri kuzu gömleğine saralım. Köfte bohçalarını ters çevirerek hafifçe yağlanmış fırın kabına dizelim. Köftelerin üzerleri hafifçe kızarana dek ısıtılmış 200° ısılı fırında pişirelim. Salçayı 1-1,5 su bardağı su ile incelterek fırın kabına boşaltalım. Köftelerin üzeri iyice kızarana dek ikinci kez pişirip sosu ile birlikte servis yapalım.

ORUK KÖFTESİ

(ANTAKYA KÖFTESİ)

MALZEMELER

Köftenin dışı için
200 gr. kıyma (orta yağlı)
2 su bardağı ince bulgur
2 su bardağı sıcak su
1 çorba kaşığı biber salçası
1 orta boy soğan
2 orta boy patates (haşlanmış)
3 çorba kaşığı un
tuz, karabiber, kimyon

Köftenin içine
1 orta boy soğan
1/2 su bardağı sıvı yağ
50 gr. ceviz (iri dövülmüş)
200 gr. kıyma (yağsız)
1/2 demet maydanoz
tuz, karabiber

★★ 5-6 kişilik

HAZIRLANIŞI

Bir kaba bulguru alalım. 2 su bardağı sıcak su ekleyerek 5 dk. bekletip bulgurların yumuşayıp şişmesini sağlayalım. Sonra içine soğanı rendeleyip suyunu sıkarak ekleyelim. Kıymayı, tuzu, baharatları, salçayı, rendelediğimiz haşlanmış patatesleri ve unu ekleyip köfte harcını ara sıra su serperek iyice yoğuralım. Köfte harcını merdane ile 0.3 mm. kalınlığında açalım. Bir tatlı kâsesini köfte harcının üzerine yatırarak bıçak yardımıyla yuvarlak parçalar kesip çıkaralım. (Yuvarlak parçaların yarısının üzerine kıymalı harç koyacağımız için yarısını ayıralım.) Bir tavaya sıvı yağı alıp küp doğranmış soğanı ve kıymayı ekleyelim, 2-3 dk. kıymanın suyu çekilene dek kavurarak ateşten alalım. İri dövülmüş cevizi, kıyılmış maydanozu, tuzu ve karabiberi ekleyip karıştıralım. Kıymalı harcı bulgur hamurlarının yarısının üzerine paylaştırıp ayırdığımız diğer parçaları üzerlerine kapatalım. Merdane ile hafifçe bastırarak alt ve üst parçaların birbirine yapışmasını sağlayalım. Köfteleri kızdırılmış sıvı yağda arkalı önlü hafifçe kızartarak servis yapalım.

SUCUKİÇİ KÖFTE

MALZEMELER

400 gr. kıyma (yağsız)
4-5 diş sarmısak
tuz, kırmızıbiber, karabiber, kimyon
1/2 su bardağı sıvı yağ
★ **4-5 kişilik**

HAZIRLANIŞI

Kıymayı bir kaba alalım. İçine dövülmüş sarmısakları, baharatları ve tuzu ekleyip köfte harcını iyice yoğurarak yuvarlak ve yassı köfteler hazırlayalım. Köfteleri kızdırılmış sıvı yağda, ağır ateşte ve kapaklı olarak arkalı önlü kızartalım. Pilav veya püre ile servis yapalım.

LAHMİLSİNİ-TEPSİ KEBABI

(ANTAKYA KÖFTESİ)

MALZEMELER

400 gr. kıyma (orta yağlı koyun kıyması)
3-4 dal taze soğan
2-3 sivribiber
1 orta boy domates
1/2 demet maydanoz
tuz, pulbiber, köfte baharatı

<u>Üzeri için</u>
4 sivribiber
2 orta boy domates
★ **4 kişilik**

HAZIRLANIŞI

Bir kabın içine ayıklanıp yıkanmış taze soğanları, maydanozu ve sivribiberleri ince bir şekilde doğrayalım. Domatesleri tavla zarı iriliğinde doğrayalım. Kıymayı, tuzu ve baharatları ekleyerek köfte harcını iyice yoğuralım. Yağlı kâğıtları 4 adet servis tabağı büyüklüğünde yuvarlak parçalar halinde keselim. Fırın tepsisine kâğıtları serelim. Köfte harcını yağlı kâğıtların üzerine 1/2 cm. kalınlığında düzgün bir şekilde yayalım. Üzerine bir-iki domates dilimi ve bir sivribiber yerleştirelim. Köfteyi önceden ısıtılmış 200° ısılı fırında köftelerin üzeri kızarana dek pişirip hemen servis yapalım.

KAYSERİ KÖFTESİ

(SULU KÖFTE)

MALZEMELER

400 gr. kıyma (yağsız)
1/2 kahve fincanı pirinç
1/2 kahve fincanı ince bulgur
1 yumurta
1/2 demet maydanoz
1 orta boy soğan
2 çorba kaşığı un (köftenin içine)
1 çorba kaşığı salça
1/4 limon suyu
1/2 çay bardağı sıvı yağ
5-6 çorba kaşığı un
tuz, pulbiber, karabiber, köfte baharatı

★ **4-5 kişilik**

HAZIRLANIŞI

Pirinçleri ayıklayıp yıkayarak bir tencereye alalım. İçine 1,5 kahve fincanı su ekleyerek pirinçler suyunu iyice çekene dek haşlayalım. Kıymayı bir kaba alalım. İçine ince bulguru, kıyılmış maydanozu, haşlanmış pirinci, yumurtayı, unu, tuzu, baharatları ekleyelim. Köfte harcını iyice yoğurarak bilye iriliğinde yuvarlak köfteler hazırlayalım. Un serpiştirilmiş tepsiye köfteleri alıp tepsiyi sallayarak köftelerin unlanmasını sağlayalım. Tencereye sıvı yağı alalım. küp doğranmış soğanları ekleyerek pembeleşene dek kavuralım. Salçayı ekleyip 1/2 dk. daha kavuralım. 3 su bardağı sıcak suyu ve tuzu ekleyip kaynatalım. Köfteleri ekleyelim. Ağır ateşte köfteler yumuşayana dek pişirelim. Üzerine pulbiber serpip limon suyu gezdirerek servis yapalım.

KAYSERİ KÖFTESİ

(BAŞKA ŞEKİLDE)

MALZEMELER

400 gr. kıyma (yağsız)
4-5 dilim bayat ekmek içi
1/2 demet maydanoz
1 orta boy soğan
1 yumurta sarısı
3 orta boy domates
5-6 orta boy patates
1 su bardağı sıvı yağ
6-7 sivribiber
1 çorba kaşığı salça
tuz, karabiber, köfte baharatı

★ **4-5 kişilik**

HAZIRLANIŞI

Kıymayı bir kaba alalım. İçine ufalanmış ekmek içini, yumurta sarısını, tuzu, baharatları, kıyılmış maydanozu ekleyelim. Soğanı rendeleyip suyunu sıkarak posasını ekleyelim. Köfte harcını iyice yoğurarak yuvarlak ve yassı köfteler hazırlayalım. Kızdırılmış sıvı yağda yuvarlak dilimlenmiş patatesleri hafifçe kızartalım. Sivribiberleri hafifçe kızartalım. Ardından köfteleri hafifçe kızartalım. Fırın kabına patates dilimlerini hafifçe üst üste bindirerek yerleştirelim. Patateslerin üzerine köfteleri yerleştirelim. Aralarındaki boşluklara sivribiberleri yerleştirelim. Köftelerin üzerine yuvarlak kesilmiş domates dilimlerini dizelim. Salçayı 1,5-2 su bardağı sıcak su ile inceltlerek tuz ekleyelim ve fırın kabına boşaltalım. Fırın kabının üzerini alüminyum folyo ile kapatarak önceden ısıtılmış 220° ısılı fırında köfteler ve patatesler yumuşayana dek pişirip servis yapalım.

ANNEMİN EKMEK KÖFTESİ

MALZEMELER

1 bayat ekmek

2 yumurta

250 gr. kıyma (yağsız)

2 orta boy soğan

1/2 paket kabartma tozu

1 demet maydanoz

1/2 su bardağı sıvı yağ

tuz, karabiber, köfte baharatı

★ 4-5 kişilik

HAZIRLANIŞI

Bayat ekmeği dilimleyip ıslatalım, tel süzgeç yardımı ile sıkarak suyunu iyice süzelim. Kıymayı bir kaba alalım, içine soğanları rendeleyip suyunu süzerek posasını ekleyelim. Yumurtaları, kıyılmış maydanozu, tuzu, baharatları, bayat ekmek içini, kabartma tozunu ekleyelim. Köfte harcını iyice yoğurarak yuvarlak ve yassı köfteler hazırlayalım. Köfteleri kızdırılmış sıvı yağda arkalı önlü kızartarak emici bir kâğıt üzerine alıp servis yapalım.

> **B**ayat ekmekleri değerlendirmek için yapabileceğiniz bu köfteyi, çayın yanında da ikram edebilirsiniz.

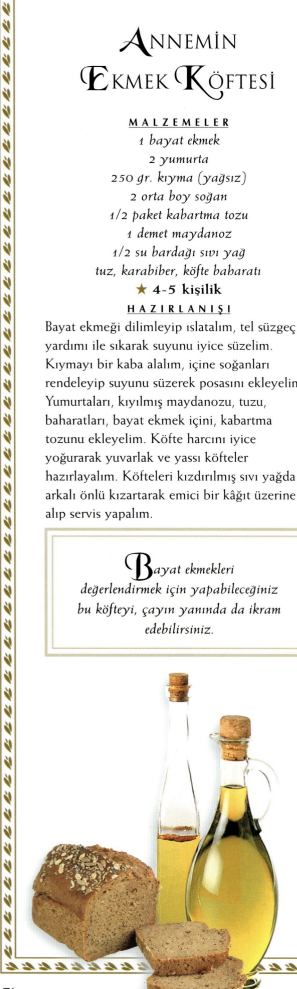

PATATES PÜRELİ KÖFTE

MALZEMELER

400 gr. kıyma (yağsız)

1 orta boy soğan

4-5 dilim bayat ekmek içi

tuz, karabiber, köfte baharatı

1/2 su bardağı sıvı yağ

Patates püresi için

5 orta boy patates (haşlanmış)

1 çay bardağı süt

2 çorba kaşığı tereyağı veya margarin (40 gr.)

tuz

Sosu için

1 çorba kaşığı salça

3 çorba kaşığı sıvı yağ

3-4 diş sarmısak

2 tatlı kaşığı şeker

2 tatlı kaşığı limon suyu

tuz, karabiber

1/2 çay bardağı su

★ 4-5 kişilik

HAZIRLANIŞI

Kıymayı bir kaba alalım. İçine ufalanmış ekmek içini, tuzu ve baharatları ekleyelim. Soğanı rendeleyip suyunu sıkarak posasını ekleyelim. Köfte harcını iyice yoğurarak yuvarlak ve yassı köfteler hazırlayalım. Köfteleri kızdırılmış sıvı yağda, ağır ateşte ve kapaklı olarak arkalı önlü kızartalım. Kızaran köfteleri kapaklı bir sahan içinde bekletelim. Bir tavaya sıvı yağı alalım. Salçayı ve dövülmüş sarmısakları ekleyip 1/2 dk. kavuralım. Tuzu, karabiberi, şekeri, limon suyunu ve suyu ekleyip sosu bir taşım kaynatalım, ateşten alarak köftelerin üzerine gezdirelim. Köfteleri patates püresi ile birlikte servis yapalım. Püre için, haşlanmış patatesleri sıcakken rendeleyelim. İçine sıcak sütü, tereyağını ve tuzu ekleyip ağır ateş üzerinde ve çırpma teli ile karıştırarak veya püre ezeceği ile pürüzsüz bir kıvama getirelim. Püreyi servis tabağına alalım.

ÇULLU KÖFTE

MALZEMELER

400 gr. kıyma (yağsız)
1 orta boy soğan
75 gr. kaşar rendesi
2 yumurta
5-6 çorba kaşığı un
4-5 dilim bayat ekmek içi
1/2 su bardağı sıvı yağ
tuz, karabiber, köfte baharatı
(Arzuya göre) Sos için
3 orta boy domates
4 çorba kaşığı sıvı yağ
3-4 diş sarmısak
tuz

★ **4-5 kişilik**

HAZIRLANIŞI

Kıymayı bir kaba alalım. İçine ufalanmış ekmek içini, tuzu ve baharatları ekleyelim. Soğanı rendeleyip suyunu sıkarak posasını ekleyelim. Köfte harcını iyice yoğurarak yuvarlak ve yassı köfteler hazırlayalım. Köftelerden birinin üzerine bir miktar kaşar rendesi koyup diğer köfteyi üzerine kapatalım ve köfteleri elimizle iyice yassıltarak önce una, sonra çırpılmış yumurtalara bulayarak kızgın sıvı yağda arkalı önlü kızartalım. Arzuya göre sosunu hazırlayalım. Bir tavaya sıvı yağı alalım. Rendelenmiş domatesleri, dövülmüş sarmısakları ve tuzu ekleyerek 2-3 dk. domateslerin suyu çekilene dek kavuralım. Köfteleri sosu ile birlikte servis yapalım.

MISIR UNLU KÖFTE

MALZEMELER

400 gr. kıyma (yağsız)
1/2 su bardağı mısır unu
1 yumurta sarısı
2 orta boy soğan
tuz, karabiber, köfte baharatı
1/2 su bardağı sıvı yağ
★ **4-5 kişilik**

HAZIRLANIŞI

Kıymayı bir kaba alalım. İçine mısır ununu, yumurta sarısını, tuzu ve baharatları ekleyelim. Soğanı rendeleyip suyunu sıkarak posasını ekleyelim. Köfte harcını iyice yoğurarak yuvarlak ve yassı köfteler hazırlayalım. Köfteleri kızdırılmış sıvı yağda ve ağır ateşte kapaklı olarak arkalı önlü kızartarak servis yapalım.

KADINBUDU KÖFTE

MALZEMELER
400 gr. kıyma (yağsız)

2 orta boy soğan

1 çay bardağı pirinç

1/2 demet maydanoz

3 çorba kaşığı sıvı yağ

1 yumurta sarısı

tuz, karabiber, köfte baharatı

Köftenin dışı için

2 yumurta

5-6 çorba kaşığı un

1 su bardağı sıvı yağ (kızartmak için)

★ **4-5 kişilik**

HAZIRLANIŞI

Tavaya sıvı yağı alıp küp doğranmış soğanları ve kıymanın yarısını ekleyelim, 3-4 dk. kıymanın suyu çekilene dek kavurup ateşten alalım. Pirinci bir tencereye alıp 1,5 çay bardağı su ekleyerek, suyunu iyice çekene dek haşlayalım. Çiğ kıymayı bir kaba alalım, içine kavrulmuş kıymayı, haşlanmış pirinci, yumurta sarısını, kıyılmış maydanozu, tuzu ve baharatları ekleyerek köfte harcını iyice yoğuralım ve buzdolabında 1/2 saat bekletelim. Köfte harcını dolaptan alıp yumurta iriliğinde parçalar kopararak yuvarlak ve yassı köfteler hazırlayalım. Köfteleri önce una, sonra çırpılmış yumurtaya bulayıp kızdırılmış sıvı yağda arkalı önlü kızartıp servis yapalım.

İÇLİ PATATES KÖFTESİ

MALZEMELER
6 orta boy patates (haşlanmış)

1 yumurta

5 çorba kaşığı un

1 su bardağı sıvı yağ

tuz, karabiber

Köftenin iç harcı için

200 gr. kıyma (yağsız)

1 orta boy soğan

4 çorba kaşığı sıvı yağ

tuz, karabiber

Köftenin dışı için

2 yumurta

5-6 çorba kaşığı un

5-6 çorba kaşığı galeta unu

★★ **4-5 kişilik**

Bir kabın içine haşlanmış patatesleri rendeleyerek soğutalım. İçine yumurtayı, tuzu, karabiberi ve unu ekleyerek iyice yoğuralım. Köftenin iç harcını hazırlayalım. Tavaya sıvı yağı alalım. Küp doğranmış soğanı, kıymayı, tuzu ve karabiberi ekleyerek, kıymanın suyu çekilene dek 2-3 dk. kavuralım. Patates hamurundan yumurta iriliğinde parçalar kopartalım. Önce yuvarlak şekil verip daha sonra iç kısmını oyarak çukurlaştıralım. Patates köftelerinin boşluklarına kıymalı harçtan bir miktar koyarak ağız kısmını büzüp kapatalım. Patates köftelerini hafifçe yassıltalım. Köfteleri önce una, sonra çırpılmış yumurtaya, sonra galeta ununa bulayıp kızdırılmış sıvı yağda arkalı önlü kızartarak emici bir kâğıt üzerine alalım ve servis yapalım.

> **S**osyete köftesini çayın yanında da servis yapabilirsiniz.

FIRINDA KÖFTE KEBABI

MALZEMELER

400 gr. kıyma (yağsız)
4 orta boy domates
1 orta boy soğan
4-5 dilim bayat ekmek içi
tuz, karabiber, köfte baharatı
1/2 su bardağı sıvı yağ (kızartmak için)
4-5 sivribiber
4 çorba kaşığı sıvı yağ
75 gr. kaşar rendesi
★ 4-5 kişilik

HAZIRLANIŞI

Bir kapta kıymanın içine yumurta sarısını, ufalanmış ekmek içini, tuzu ve baharatları ekleyelim. Soğanı rendeleyip suyunu sıkarak posasını ekleyelim. Harcı iyice yoğurarak bilye iriliğinde yuvarlak köfteler hazırlayalım. Kızdırılmış sıvı yağda ve hafif ateş üzerinde tavayı sallayarak arkalı önlü kızartalım. Köfteleri delikli kepçe ile çıkarıp bir fırın kabına alalım. Ayrı bir tavaya sıvı yağı alalım. Küp doğranmış domatesleri, doğranmış sivribiberleri ve tuzu ekleyerek 2-3 dk. kavuralım ve köftelerin üzerine gezdirelim. Üzerlerine kaşar rendesi serpelim. Isıtılmış 200° ısılı fırında kaşarlar eriyene dek pişirip servis yapalım.

KUBBE KÖFTESİ

MALZEMELER

1,5 su bardağı pirinç
1 yumurta
3 çorba kaşığı un
1/2 su bardağı sıvı yağ
5-6 çorba kaşığı galeta unu
tuz, karabiber
Köftenin içine
2 çorba kaşığı sıvı yağ
1 orta boy soğan
150 gr. kıyma (yağsız)
1/2 demet maydanoz
tuz, karabiber
★ 4-5 kişilik

HAZIRLANIŞI

Pirinçleri ayıklayıp yıkayarak tencereye alalım. 3 su bardağı su ekleyip su iyice çekene dek haşlayıp ateşten alalım ve soğutalım. İçine yumurtayı, unu, tuzu, karabiberi ekleyerek iyice yoğuralım. Köftenin iç harcını hazırlayalım. Tavaya sıvı yağı alalım. Küp doğranmış soğanı ve kıymayı ekleyip 2-3 dk. suyu çekilene dek kavuralım. Kıyılmış maydanozu, tuzu ve karabiberi ekleyip ateşten alalım. Islak elimize pirinç hamurundan ceviz iriliğinde bir parça alıp yassıltalım, üzerine bir miktar kıymalı harç koyalım, tekrar elimizle ceviz iriliğinde pirinç hamuru alıp yassıltarak kıymalı harç üzerine kapatalım, yuvarlak ve yassı bir şekil kazandıralım. Köfteleri galeta ununa bulayıp kızdırılmış sıvı yağda arkalı önlü kızartarak emici bir kâğıt üzerine alıp servis yapalım.

KÖFTELİ PİDE KEBABI

MALZEMELER

Köfte için
400 gr. kıyma (yağsız)
4-5 dilim bayat ekmek içi
1 orta boy soğan
1/2 su bardağı sıvı yağ
3 orta boy domates
4-5 sivribiber
1/2 kg yoğurt
2 pide
tuz, karabiber, köfte baharatı
★ 4-5 kişilik

HAZIRLANIŞI

Bir kapta kıymanın içine ufalanmış ekmek içini, tuzu, baharatları ekleyelim. Soğanı rendeleyip suyunu sıkarak posasını ekleyelim. Harcı iyice yoğurarak yuvarlak ve yassı köfteler hazırlayalım. Kızdırılmış sıvı yağda ve ağır ateşte kapaklı olarak arkalı önlü kızartalım. Tavadan alıp kapaklı bir sahanda bekletelim. Aynı yağda yuvarlak dilimlenmiş domatesleri ve sivribiberleri hafifçe kızartalım. Pideleri bir lokmalık kareler halinde keserek servis tabağına yayalım. Üzerine yoğurt gezdirelim. Kızaran domatesleri ve biberleri yayalım.

KÖFTE YAHNİSİ

(AFYON YEMEĞİ)

MALZEMELER

Köfte için

400 gr. kıyma (yağsız)
4-5 dilim bayat ekmek içi
1 orta boy soğan
1 yumurta sarısı
tuz, karabiber, köfte baharatı
1/2 su bardağı sıvı yağ

Sosu için

4 çorba kaşığı sıvı yağ
1 orta boy soğan
2 orta boy domates
1/2 çorba kaşığı salça
1-2 sivribiber
3-4 diş sarmısak
tuz

★ **4-5 kişilik**

HAZIRLANIŞI

Kıymayı bir kaba alalım. İçine ufalanmış ekmek içini, yumurta sarısını, tuzu, baharatları ekleyelim. Soğanı rendeleyip suyunu sıkarak posasını ekleyelim. Köfte harcını iyice yoğurarak yuvarlak ve yassı köfteler hazırlayalım. Köfteleri kızdırılmış sıvı yağda ve ağır ateş üzerinde, kapaklı olarak arkalı önlü kızartarak yayvan bir tencereye alalım.

Ayrı bir tavaya sıvı yağı alıp küp doğranmış soğanı ekleyerek pembeleşene dek kavuralım. Küçük doğranmış sivribiberleri ekleyip 1/2 dk. daha kavuralım. Rendelenmiş domatesleri, salçayı, dövülmüş sarmısakları, tuzu ekleyip 1 dk. daha kavurarak 1-1,5 su bardağı sıcak su ekleyelim. Sosu bir taşım kaynatıp ateşten alalım ve köftelerin üzerine gezdirelim. Ağır ateşte kapaklı olarak 10 dk. daha pişirelim, köfteleri sosu ile birlikte servis yapalım.

İZMİR KÖFTE

MALZEMELER

400 gr. kıyma (yağsız)
1 orta boy soğan
1/2 demet maydanoz
4-5 dilim bayat ekmek içi
1 yumurta sarısı
tuz, karabiber, köfte baharatı
1/2 su bardağı sıvı yağ
<u>*Sosu için*</u>
4 çorba kaşığı sıvı yağ
3-4 diş sarmısak
3 orta boy domates
1/2 su bardağı su
1/2 çorba kaşığı salça
★ **4-5 kişilik**

HAZIRLANIŞI

Kıymayı bir kaba alalım. İçine ufalanmış ekmek içini, tuzu, baharatları, yumurta sarısını, kıyılmış maydanozu ekleyelim. Soğanı rendeleyip suyunu sıkarak posasını ekleyelim. Köfte harcını iyice yoğurarak ince uzun köfteler hazırlayalım. Tavaya sıvı yağı alıp kızdıralım. Köfteleri arkalı önlü hafifçe kızartıp yayvan bir tencereye alalım. Bu arada sosu hazırlayalım. Bir tavaya sıvı yağı alıp rendelenmiş domatesleri ve dövülmüş sarmısakları ekleyerek 2-3 dk. kavuralım. Salçayı ekleyip 1/2 dk. daha kavuralım. Suyu ve tuzu ekleyelim, sosu bir taşım kaynatarak ateşten alıp köftelerin üzerine gezdirelim. Köfteleri ağır ateşte 10-15 dk. daha pişirelim ve kızarmış parmak patateslerle ve kızarmış sivribiberlerle birlikte servis yapalım.

PATLICANLI PAŞA KÖFTESİ

MALZEMELER

400 gr. kıyma (yağsız)

4-5 dilim bayat ekmek içi

3 orta boy patlıcan

1/2 demet maydanoz

1 orta boy soğan

tuz, karabiber

3/4 su bardağı sıvı yağ

Sos için

3 orta boy domates

3 çorba kaşığı sıvı yağ

7-8 diş sarmısak

1 su bardağı sıcak su

tuz, karabiber

1 tatlı kaşığı şeker

★ **5-6 kişilik**

HAZIRLANIŞI

Kıymayı bir kaba alalım. İçine ufalanmış ekmek içini, kıyılmış maydanozu, tuzu, karabiberi ekleyelim. Soğanı rendeleyip suyunu sıkarak posasını ekleyelim. Köfte harcını iyice yoğurup yuvarlak ve yassı köfteler hazırlayalım. Patlıcanları alacalı soyup kalın yuvarlak dilimler halinde keserek tuzlu suda 1/2 saat bekletelim. Sonra yıkayıp kurulayarak kızgın sıvı yağda hafifçe kızartalım. Tavadaki yağın yarısını ayıralım. Kalan sıvı yağda köfteleri de hafifçe arkalı önlü kızartalım. Yayvan bir tencereye patlıcan dilimlerini dizelim. Üzerlerine köfteleri, üzerlerine tekrar patlıcan dilimlerini dizelim. Başka bir tavaya sıvı yağı alıp rendelenmiş domatesleri ve dövülmüş sarmısakları ekleyerek 2-3 dk. kavuralım. Tuzu, karabiberi, şekeri, sıcak suyu ekleyip bir taşım kaynatarak sosu ateşten alalım, patlıcan dilimlerinin üzerine gezdirelim. Ağır ateşte 10 dk. pişirerek ateşten alıp sosu ile birlikte servis yapalım.

KÖFTELİ İSLİM KEBABI

MALZEMELER

400 gr. kıyma (yağsız)

1 orta boy soğan

4-5 dilim bayat ekmek içi

4 orta boy patlıcan

1/2 su bardağı sıvı yağ (kızartmak için)

2 orta boy domates

4-5 sivribiber

1 çorba kaşığı salça

tuz, karabiber, köfte baharatı

★★ **5-6 kişilik**

HAZIRLANIŞI

Patlıcanları alacalı soyalım. Uzunlamasına bıçak sırtı kalınlığında dilimleyerek tuzlu suda 1/2 dk. bekletelim. Sonra yıkayıp kurulayarak kızdırılmış sıvı yağda hafifçe arkalı önlü kızartalım. Kıymayı bir kaba alalım. İçine ufalanmış ekmek içini, tuzu ve baharatları ekleyelim. Soğanı rendeleyip suyunu sıkarak posasını ekleyelim. Köfte harcını iyice yoğurarak yuvarlak ve yassı köfteler hazırlayalım. Köfteleri kızdırılmış sıvı yağda arkalı önlü hafifçe kızartalım. Patlıcan dilimlerini çarpı işareti (X) şeklinde üst üste koyup ortalarına birer köfte yerleştirelim. Patlıcan dilimlerinin uçlarını köftelerin üzerine çevirip kapatalım. Üzerlerine birer domates ve sivribiber dilimi yerleştirerek birer kürdan batıralım. Fırın kabına patlıcanlı köfteleri dizelim. Salçayı 1-1,5 su bardağı sıcak su ile inceltip fırın kabının kenarından boşaltalım. İslim kebabını önceden ısıtılmış 220° ısılı fırında 20-25 dk. pişirip sosu ile birlikte servis yapalım.

İslim kebabını yayvan bir tencerede, ocak ateşinde de pişirebilirsiniz.

EKŞİLİ KÖFTE

DİYARBAKIR'DA ADI HİLOLİK AŞI,
MARDİN'DE İSE DAHUDİYAT

MALZEMELER
350 gr. kıyma (yağsız)
1 kahve fincanı pirinç
1 orta boy soğan
1 yumurta akı
1 çorba kaşığı salça
2 çorba kaşığı tereyağı veya margarin (40 gr.)
5-6 çorba kaşığı un
1/4 limon suyu
1/2 demet maydanoz
tuz, karabiber, köfte baharatı
★ **4-5 kişilik**

HAZIRLANIŞI

Pirinci ayıklayıp yıkayarak bir tencereye
alalım. İçine 1,5 kahve fincanı su ekleyerek
pirinçler suyunu iyice çekene dek haşlayalım.
Kıymayı bir kaba alalım. İçine haşlanmış
pirinci, yumurta akını, tuzu, baharatları
ekleyelim. Soğanı rendeleyip suyunu sıkarak
posasını ekleyelim. Köfte harcını iyice
yoğurarak ceviz iriliğinde yuvarlak köfteler
hazırlayalım. Un serpilmiş tepsiye köfteleri
alıp tepsiyi sallayarak köftelerin unlanmasını
sağlayalım. Tencereye tereyağını alıp eritelim.
Küp doğranmış soğanı ekleyerek pembeleşene
dek kavuralım. Salçayı ekleyip 1/2 dk. daha
kavuralım. Tencereye 3 su bardağı sıcak suyu,
limon suyunu, tuzu, karabiberi ekleyip
kaynatarak köfteleri ekleyelim. Ağır ateşte
köfteler yumuşayana dek pişirelim.
Üzerine kıyılmış maydanoz serperek servis
yapalım.

ISLAMA KÖFTE

(ADAPAZARI KÖFTESİ)

MALZEMELER
400 gr. kıyma (yağsız)
4-5 dilim bayat ekmek içi
1 orta boy soğan
tuz, karabiber, yenibahar
1 yumurta sarısı
2 bayat ekmek
3-4 diş sarmısak
2 çorba kaşığı tereyağı (40 gr.)
2 su bardağı et suyu
tuz, pulbiber
★ **4-5 kişilik**

HAZIRLANIŞI

Kıymayı bir kaba alalım. İçine ufalanmış
ekmek içini, yumurta sarısını, tuzu, baharatları
ekleyelim. Soğanı rendeleyip suyunu sıkarak
posasını ekleyelim. Köfte harcını iyice
yoğurarak yuvarlak ve yassı köfteler
hazırlayalım. Ekmekleri dilimleyip hafifçe
kıtırlaşana dek fırında kızartalım. Bir tavaya
tereyağını alıp eritelim. İçine dövülmüş
sarmısakları, pulbiberi, tuzu, et suyunu ekleyip
bir taşım kaynatalım. Köfteleri ızgarada
pişirelim. Kızarmış ekmek dilimlerini
sarmısaklı, biberli et suyu ile hafifçe ıslatarak
servis tabağına alalım. Üzerine köfteleri
yerleştirip domates dilimleri ile servis yapalım.

TERBİYELİ KÖFTE

MALZEMELER

350 gr. kıyma (orta yağlı)

1 kahve fincanı pirinç

2 çorba kaşığı un (köftenin içine)

1 orta boy soğan

1 yumurta

1/2 demet maydanoz

5-6 çorba kaşığı un

tuz, karabiber, köfte baharatı

Terbiye için

1 yumurta sarısı

1/4 limon suyu

★ **4-5 kişilik**

HAZIRLANIŞI

Pirinci ayıklayıp yıkayarak bir tencereye alalım. İçine 1,5 kahve fincanı su ekleyerek pirinçler suyunu iyice çekene dek haşlayalım. Kıymayı bir kaba alalım. İçine yumurtayı, unu, tuzu, baharatları, kıyılmış maydanozu, haşlanmış pirinci ekleyelim. Soğanı rendeleyip suyunu sıkarak posasını ekleyelim. Köfte harcını iyice yoğurarak ceviz iriliğinde yuvarlak köfteler hazırlayalım. Un serpiştirilmiş tepsiye köfteleri alıp tepsiyi sallayarak köftelerin unlanmasını sağlayalım. Tencereye 3 su bardağı suyu ve tuzu alıp kaynatarak köfteleri aktaralım. Ağır ateşte köfteler yumuşayana dek pişirelim. Bir kapta yumurta sarısını ve limon suyunu çırpalım. 1 kepçe yemeğin suyundan ekleyip terbiyeyi ılıtalım. Azar azar ve sürekli karıştırarak ilave edelim. Bir taşım daha kaynatıp ateşten alarak üzerine kıyılmış maydanoz serpip servis yapalım.

KÖFTELİ
ALİ NAZİK KEBABI

MALZEMELER

400 gr. kıyma (yağsız)
1 orta boy soğan
4-5 dilim bayat ekmek içi
1 orta boy soğan
1/2 su bardağı sıvı yağ (yarısı patlıcanlar
için ayrılır)
5 çorba kaşığı süzme yoğurt
4 orta boy patlıcan (çekirdeksiz)
tuz, karabiber, köfte baharatı

★ 4-5 kişilik

HAZIRLANIŞI

Patlıcanları 4-5 yerinden çatalla delerek ocak ateşinde közleyelim. Patlıcanların kabuklarını soyup tuz serpelim. Kızdırılmış sıvı yağda bütün olarak arkalı önlü hafifçe kızartalım. Kızaran patlıcanları ince bir şekilde kıyalım. İçine süzme yoğurdu, tuzu, kırmızıbiberi ekleyip karıştırarak servis tabağına yayalım. Kıymayı bir kaba alıp içine ufalanmış ekmek içini, tuzu, baharatları ekleyelim. Soğanı rendeleyip suyunu sıkarak posasını ekleyelim. Köfte harcını iyice yoğurarak ceviz iriliğinde yuvarlak ve yassı köfteler hazırlayalım. Köfteleri kızdırılmış sıvı yağda, ağır ateşte ve kapaklı olarak arkalı önlü kızartalım. Köfteleri patlıcanlı harç üzerine yayıp hemen servis yapalım.

Muş Köftesi

MALZEMELER

400 gr. kıyma (yağsız)

1 yumurta

1 su bardağı ince bulgur

1 su bardağı sıcak su

4 çorba kaşığı un

tuz, karabiber, köfte baharatı

Köftenin içine

1 orta boy soğan

1 kahve fincanı pirinç

3 çorba kaşığı sıvı yağ

tuz, karabiber

Sosu için

2 orta boy domates

1 çorba kaşığı salça

1/2 çay bardağı sıvı yağ

1/4 limon suyu

1 tatlı kaşığı şeker

1/2 su bardağı su

tuz, pulbiber, kekik

★★★ **5-6 kişilik**

HAZIRLANIŞI

Önce köftenin iç harcını hazırlayalım.
Tavaya sıvı yağı alalım. Küp doğranmış
soğan ekleyerek pembeleşene dek kavuralım.
Ayıklanıp yıkanmış pirinci, 2,5 kahve fincanı
suyu, tuzu ve karabiberi ekleyerek pirinçler
suyunu iyice çekene dek pişirelim. Bir kaba
bulguru alalım. İçine 1 su bardağı sıcak su
ekleyerek 5 dk. bekletip bulgurların yumuşayıp
şişmesini sağlayalım. İçine kıymayı, yumurtayı,
tuzu, baharatları ve unu ekleyelim.
Köfte harcını iyice yoğurarak yumurta
iriliğinde parçalar koparalım. Önce yuvarlak
şekiller verelim. Sonra köftelerin iç kısmını
başparmak yardımı ile genişçe oyarak açalım.
Oluşan boşluğa pirinçli, kıymalı harcı
dolduralım. Köftenin ağız kısmını büzerek
kapatalım. Tencereye 5 su bardağı suyu ve
tuzu ekleyip kaynatalım. Köftelerin yarısını
tencereye boşaltalım. Yumuşayana dek
haşlayarak delikli kepçe ile alalım. Sonra kalan
köfteleri aynı şekilde haşlayıp delikli kepçe ile
alalım. Köftelerin üzerine sosunu gezdirip
servis yapalım. Sos için, tavaya sıvı yağı alalım,
rendelenmiş domatesleri ve dövülmüş

sarmısakları ekleyip 1/2 dk. kavuralım. Salçayı
ekleyip 1/2 dk. daha kavuralım. Limon suyunu,
şekeri, tuzu, baharatları, suyu ekleyip bir taşım
kaynatarak ateşten alalım.

Kilis Tavası
(Fırın Köftesi)

MALZEMELER

400 gr. kıyma (yağsız)

1 orta boy soğan

4 dilim bayat ekmek içi

3-4 sivribiber

1/2 demet maydanoz

1 yumurta

3-4 diş sarmısak

2 çorba kaşığı sıvı yağ

3 orta boy patates

tuz, karabiber, köfte baharatı

★ **4-5 kişilik**

HAZIRLANIŞI

Kıymayı bir kaba alalım. İçine ufalanmış
ekmek içini, kıyılmış maydanozu ve sarmısağı,
tuzu, baharatları ekleyelim. Biberlerin çekirdek
yataklarını çıkarıp ince bir şekilde doğrayarak
ekleyelim. Soğanı rendeleyip suyunu sıkarak
posasını ekleyelim. Köfte harcını iyice
yoğuralım. Margarinle hafifçe yağlanmış fırın
kabına köfte harcını düzgün bir şekilde
yayalım. Patatesleri soyup ince yuvarlak
dilimler halinde doğrayalım. Üzerlerine sıvı
yağ ve tuz gezdirip karıştıralım. Balık sırtı
şeklinde hafifçe üst üste bindirerek ve
hafifçe yatık bir şekilde köfte harcı üzerine
yerleştirelim. Fırın kabının üzerini alüminyum
folyo ile kapatarak köfteyi önceden ısıtılmış
200° ısılı fırında 30-35 dk. pişirelim. Folyonun
kenarını açıp patateslerin ve köftenin pişip
pişmediğini kontrol ederek fırından alalım ve
dilimleyip servis yapalım.

GÜVEÇTE SEBZELİ KÖFTE

MALZEMELER

400 gr. kıyma (yağsız)
1 orta boy havuç
1 orta boy patates
2-3 sivribiber
1 orta boy patlıcan
1 çorba kaşığı salça
4 çorba kaşığı sıvı yağ
4 çorba kaşığı bezelye (haşlanmış)
5-6 çorba kaşığı un
1 orta boy soğan
1 orta boy domates
tuz, karabiber, köfte baharatı
1/2 su bardağı sıvı yağ (kızartmak için)

★★ **5-6 kişilik**

HAZIRLANIŞI

Patlıcanları alacalı soyup kuşbaşı iriliğinde doğrayarak tuzlu suda 1/2 saat bekletelim. Yıkayıp kurulayarak kızdırılmış sıvı yağda hafifçe kızartalım ve delikli kepçe ile alalım.

Aynı yağda yarıdan kesilmiş sivribiberleri kızartarak delikli kepçe ile alalım. Kıymayı bir kaba alıp içine tuzu ve baharatları ekleyerek misket iriliğinde yuvarlak köfteler hazırlayalım. Un serpiştirilmiş bir tepsiye köfteleri alıp tepsiyi sallayarak köftelerin unlanmasını sağlayalım. Tencereye sıvı yağı alıp küp doğranmış soğanı ve tavla zarı iriliğinde doğranmış havucu ekleyerek 2-3 dk. kavuralım. Salçayı ekleyip 1/2 dk. daha kavuralım. İçine 1 su bardağı sıcak suyu, küçük kuşbaşı iriliğinde doğranmış patatesleri ekleyelim. Patatesler yumuşayana dek piştiğinde köfteleri ve tuzu ekleyelim. Ağır ateşte 2-3 dk. daha pişirerek ateşten alalım. Tek kişilik güveç kaplarına sebzeli köfteli harcı paylaştırarak üzerine haşlanmış bezelyeleri, kızaran patlıcanları ve biberleri, en üste domates dilimlerini yerleştirip önceden ısıtılmış 200° dereceli ısılı fırında 20-25 dk. pişirelim ve servis yapalım.

Siirt Köftesi

MALZEMELER

400 gr. kıyma (yağsız)
3 orta boy patates (haşlanmış)
1 orta boy soğan
1 çorba kaşığı kuşüzümü
1 çorba kaşığı dolmalık fıstık
1 yumurta sarısı
tuz, karabiber, köfte baharatı
1 çay kaşığı tarçın
1/2 su bardağı sıvı yağ

Sosu için

4 çorba kaşığı sıvı yağ
2 çorba kaşığı un (silme)
2 su bardağı et suyu veya su
2-3 diş sarmısak
2 çorba kaşığı sirke
tuz

★ **4-5 kişilik**

HAZIRLANIŞI

Kıymayı bir kaba alalım. İçine haşlanmış patatesleri rendeleyerek ekleyelim. Soğanı rendeleyip suyunu sıkarak posasını ekleyelim. Yumurta sarısını, kuşüzümlerini, 2'ye kesilmiş dolmalık fıstıkları, tuzu, baharatları ekleyip köfte harcını iyice yoğuralım. Tavaya sıvı yağı alalım. Köfteleri ağır ateşte ve kapaklı olarak arkalı önlü kızartalım. Bu arada sosu hazırlayalım. Bir tavaya sıvı yağı alıp un ekleyelim. Un hafifçe sararana dek kavuralım. Sıcak et suyunu, dövülmüş sarmısakları, sirkeyi, tuzu ekleyip sürekli karıştırarak sos koyulaşana dek pişirelim ve ateşten alalım. Köfteleri servis tabaklarına alıp üzerine sosu gezdirerek hemen servis yapalım.

SARAY KÖFTESİ

MALZEMELER

400 gr. kıyma (yağsız)
1 orta boy soğan
4-5 dilim bayat ekmek içi
1/2 demet maydanoz
tuz, karabiber, köfte baharatı

Sosu için
2 orta boy domates
4 çorba kaşığı sıvı yağ
1/2 çorba kaşığı salça
3-4 diş sarmısak

Krepler için
1 su bardağı süt

7 çorba kaşığı un
3 yumurta
1/2 kahve fincanı sıvı yağ
★★ **4-5 kişilik**

HAZIRLANIŞI

Krep için, bir kabın içine yumurtaları, sütü, sıvı yağı, tuzu ve unu alıp karıştıralım. Teflon tavaya 1 çorba kaşığı sıvı yağ ile yağlayalım. 1 kepçe krep hamurunu tavaya boşaltarak krepleri arkalı önlü pişirip bekletelim. Kıymayı bir kaba alalım içine rendelenmiş soğanı, bayat ekmek içini, tuzu, baharatları, kıyılmış maydanozu ekleyip iyice yoğuralım. Köfte harcını krep hamurlarının orta kısımlarına uzun silindirik şekiller vererek paylaştıralım. Sonra kreplerle birlikte rulo yaparak saralım. Köfte rulolarını buzlukta hafifçe donana dek bekleterek buzluktan alalım ve 2 cm eninde yuvarlak dilimler halinde keselim. Köfteleri fırın ızgarasında arkalı önlü pişirelim. Bu arada sosu hazırlayalım. Bir tavaya sıvı yağı alalım. Rendelenmiş domatesleri ekleyip 2-3 kavuralım. Salçayı, dövülmüş sarmısakları ve tuzu ekleyerek 1/2 dk. daha kavuralım. 1/2 su bardağı su ekleyip sosu bir taşım kaynattıktan sonra ateşten alalım ve köftelerin üzerine gezdirerek servis yapalım.

GÖKKUŞAĞI KÖFTESİ

MALZEMELER
400 gr. kıyma (yağsız)
1 orta boy soğan
4-5 dilim bayat ekmek içi
3-4 diş sarmısak
tuz, karabiber, köfte baharatı
<u>*Püresi için*</u>
4 orta boy patates (haşlanmış)
2 orta boy havuç (haşlanmış)
1/2 su bardağı süt
4 çorba kaşığı sıvı yağ
75 gr. kaşar rendesi
tuz
★ **4-5 kişilik**

HAZIRLANIŞI
Bir kabın içine haşlanmış havuç ve patatesleri rendeleyerek içine sütü, sıvı yağı ve tuzu ekleyip karıştıralım. Kıymayı bir kaba alalım. İçine rendelenmiş soğanı, ufalanmış ekmek içini, dövülmüş sarmısakları, baharatları ve tuzu ekleyerek iyice yoğuralım. Fırın kabını margarinle hafifçe yağlayarak içine köfte harcını düzgün bir şekilde yayalım. Önceden ısıtılmış 200° ısılı fırında köfte harcının üzeri hafifçe pembeleşene dek pişirerek fırından alalım. Patatesli, havuçlu püreyi yayarak üzerine kaşar rendesi serpelim. Önceden ısıtılmış 200° ısılı fırının üst rafında köfteyi

ikinci kez kaşarlar eriyip üzeri hafifçe pembeleşene dek pişirerek fırından alalım ve dilimleyerek servis yapalım.

SULTAN SARIĞI KÖFTESİ

MALZEMELER
400 gr. kıyma (yağsız)
1 yufka
1 orta boy soğan
4-5 dilim bayat ekmek içi
3-4 diş sarmısak
(arzuya göre) 1 kahve fincanı çekilmiş Antepfıstığı
1 yumurta
1/2 su bardağı sıvı yağ
tuz, karabiber, köfte baharatı
★★ **4-5 kişilik**

HAZIRLANIŞI
Kıymayı bir kaba alalım. İçine ufalanmış ekmek içini, rendelenmiş soğanı, dövülmüş sarmısakları, tuzu ve baharatları, çekilmiş Antepfıstığını, yumurta sarısını ekleyip iyice yoğuralım. Yufkayı açalım. Orta kısmına uzunlamasına köfte harcını silindirik şekil vererek yerleştirelim. Yufkanın bir tarafını, köfte harcı ortada kalacak şekilde diğer taraf üzerine kapatalım. Sonra yufkayı sıkıca rulo yaparak saralım. Yufkanın baş taraflarındaki fazlalıkları keserek çıkaralım. Ruloyu buzlukta hafifçe donana dek bekletelim. Sonra rulodan 1 cm. eninde yuvarlak dilimler keselim. Köfteleri kızdırılmış sıvı yağda, ağır ateş üzerinde ve kapaklı olarak arkalı önlü kızartarak servis yapalım.

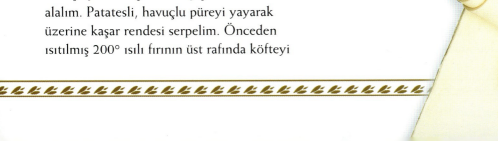

KAŞARLI SULTAN KÖFTESİ

MALZEMELER
400 gr. kıyma (yağsız)
4-5 dilim bayat ekmek içi
1 orta boy soğan
tuz, karabiber, köfte baharatı
100 gr. kaşar rendesi
★ **4-5 kişilik**

HAZIRLANIŞI

Kıymayı bir kaba alalım. İçine ufalanmış ekmek içini, tuzu, baharatları ve kaşar rendesini ekleyelim. Soğanı rendeleyip suyunu sıkarak posasını ekleyelim. Köfte harcını iyice yoğurarak yuvarlak ve yassı köfteler hazırlayalım. Köfteleri fırın ızgarasında arkalı önlü pişirerek servis yapalım.

İSKENDER KEBAP

(BURSA KEBABI)

MALZEMELER
400 gr. kıyma (orta yağlı koyun kıyması)
1 orta boy soğan
1/2 kg. yoğurt
2 pide
tuz
Sosu için
1 çorba kaşığı salça
3 çorba kaşığı sıvı yağ
1-2 diş sarmısak
1/2 çay bardağı su
1 çorba kaşığı tereyağı (30 gr.)
tuz, karabiber
★ **4-5 kişilik**

HAZIRLANIŞI

Kıymayı bir kaba alalım. İçine tuzu ekleyelim. Soğanı rendeleyip suyunu sıkarak posasını ekleyelim. Köfte harcını iyice yoğurarak uzun ve yassı köfteler yapıp şişlere geçirelim. Köfteleri kömür alevinde veya ızgarada arkalı önlü pişirerek dilimlenmiş pidelerin üzerine alalım. Üzerine salçalı sosu ve yoğurdu gezdirelim. Tereyağını eritip üzerine gezdirerek servis yapalım. Sosu için, tavaya sıvı yağı

alalım. Salçayı, dövülmüş sarmısakları, tuzu ve karabiberi ekleyip 1/2 dk. kavuralım. Suyu ekleyip bir taşım kaynatarak ateşten alalım.

İskender kebap Bursa'da yaşamış İskender Bey'in icadı olan bir ızgara köftedir. Günümüzde yurdumuzun pek çok yerinde yapılıyor. Ama asıl İskender kebap, Bursa'da İskenderköyü adı ile anılan mevkide rahmetli İskender Bey'in varisleri tarafından yapılagelmektedir.

SULU KÖFTE

MALZEMELER
350 gr. kıyma (yağsız)
1/2 su bardağı ince bulgur
2 çorba kaşığı tereyağı veya margarin (40 gr.)
1 çorba kaşığı un (köftenin içine)
1 orta boy soğan
1/2 çorba kaşığı salça
5-6 çorba kaşığı un
tuz, karabiber, köfte baharatı, pulbiber
Terbiyesi için
1 yumurta sarısı
1/4 limon suyu
★ **4-5 kişilik**

HAZIRLANIŞI

Kıymayı bir kaba alalım. İçine soğanı rendeleyelim. İnce bulguru, unu, tuzu, baharatları ekleyerek köfte harcını iyice yoğurarak bilye iriliğinde köfteler hazırlayalım. Un serpiştirilmiş bir tepsiye köfteleri alıp tepsiyi sallayarak köftelerin unlanmasını sağlayalım. Tencereye tereyağını alıp eritelim. Salçayı ekleyip 1/2 dk. kavuralım. 3 su bardağı suyu ve tuzu ekleyip kaynatalım. Köfteleri ekleyerek ağır ateşte köfteler yumuşayana dek pişirelim. Bir kapta yumurta sarısı ve limon suyunu çırpalım. 1 kepçe yemeğin suyundan ekleyip terbiyeyi ılıtalım. Azar azar ve sürekli karıştırarak ilave edelim. Bir taşım daha kaynatıp ateşten alarak üzerine pulbiber serpip servis yapalım.

ŞİŞ KÖFTE

MALZEMELER

400 gr. kıyma (orta yağlı)
1 orta boy soğan
1/2 çay bardağı galeta unu
tuz, karabiber, yenibahar
1/2 kahve fincanı sıvı yağ

★★ **4-5 kişilik**

HAZIRLANIŞI

Kıymayı bir kaba alıp içine galeta ununu, tuzu ve baharatları ekleyelim. Soğanı rendeleyip suyunu sıkarak posasını ekleyelim.

Köfte harcını iyice yoğurarak yumurta iriliğinde parçalar koparıp şişlere geçirelim. Kıymayı şiş üzerinde yayıp düzgün bir şekil verelim. Köftelerin dış kısmına fırça yardımıyla sıvı yağ sürerek kömür alevinde veya ızgarada arkalı önlü pişirelim. Lavaş ekmeği veya pide ile servis yapalım.

PATLICANLI KEBAP

(ANTEP-URFA YÖRESİ KEBABI)

MALZEMELER

1/2 kg. koyun eti
100 gr. kuyruk yağı
4 orta boy patlıcan
1 çorba kaşığı salça
(arzuya göre) domates, sivribiber
(arzuya göre) 2 orta boy soğan
nar ekşisi, tuz, karabiber
★ **4-5 kişilik**

HAZIRLANIŞI

Eti ve kuyruk yağını zırhla kıyalım veya kıyma makinesinden geçirelim. İçine tuzu, karabiberi ve salçayı ekleyip iyice yoğurarak yumurta iriliğinde yuvarlak köfteler hazırlayalım. Patlıcanları enine 3'e keselim. Şişlere sırasıyla patlıcan dilimi ve köfte dizelim. Arzuya göre yarıdan kesilmiş domatesleri, biberleri, soğanları kömür alevinde közleyelim. Kebabın üzerine nar ekşisi gezdirip lavaş ekmekle birlikte servis yapalım.

ƗZGARA ƘÖFTE

MALZEMELER

400 gr. kıyma (yağsız)
4-5 dilim bayat ekmek içi
1 orta boy soğan
1 yumurta sarısı
tuz, karabiber, köfte baharatı
★ **4-5 kişilik**

HAZIRLANIŞI

Kıymayı bir kaba alalım. İçine ufalanmış ekmek içini, yumurta sarısını, tuzu ve baharatları ekleyelim. Soğanı rendeleyip suyunu sıkarak posasını ekleyelim. Köfte harcını iyice yoğurarak yuvarlak ve yassı köfteler hazırlayalım. Köfteleri fırın ızgarasında arkalı önlü pişirerek servis yapalım.

SEBZELİ ŞİŞ KÖFTE

MALZEMELER

500 gr. kıyma
1 orta boy soğan
100 gr. kuyruk yağı
tuz, karabiber
★ 4-5 kişilik

HAZIRLANIŞI

Kıymayı bir kaba alıp tuzu, karabiberi ekleyelim. Soğanı rendeleyip suyunu sıkarak posasını ekleyelim. Köfte harcını iyice yoğurarak ceviz iriliğinde parçalar koparıp yuvarlayalım. Şişlere sırası ile sebzeleri ve köfteleri dizip ızgarada veya kömür alevinde arkalı önlü pişirelim.

HARPUT KÖFTESİ

(ELAZIĞ KÖFTESİ)

MALZEMELER

350 gr. kıyma (orta yağlı)
1 yumurta sarısı
1 orta boy soğan
1/2 demet kıyılmış maydanoz
2 çorba kaşığı un
1/2 çorba kaşığı biber salçası
1/2 çorba kaşığı domates salçası
1/2 su bardağı ince bulgur
4 çorba kaşığı sıvı yağ
tuz, karabiber, köfte baharatı

★ **4-5 kişilik**

HAZIRLANIŞI

Kıymayı bir kaba alalım. İçine yumurta sarısını, tuzu, baharatları, ince bulguru ekleyelim. Soğanı rendeleyip suyunu sıkarak posasını ekleyelim. Köfte harcını iyice yoğurarak unu ekleyip tekrar yoğuralım. Yuvarlak ve yassı köfteler hazırlayalım. Köfteleri bir tencereye dizelim. Tavaya sıvı yağı alalım. Domates ve biber salçasını ekleyip 1/2 dk. kavuralım. 3 su bardağı sıcak suyu ve tuzu ekleyelim, bir taşım kaynatarak ateşten alıp köftelerin üzerine gezdirelim. Ağır ateşte köfteler yumuşayana dek pişirip üzerine kıyılmış maydanoz serperek servis yapalım.

SAHAN KÖFTESİ

MALZEMELER

350 gr. kıyma (yağsız)
1 yumurta sarısı
1 orta boy soğan
3-4 dilim bayat ekmek içi
2 orta boy domates
3-4 sivribiber
3 orta boy patates
1 çay bardağı sıvı yağ (kızartmak için)
4 çorba kaşığı sıvı yağ
tuz, karabiber, köfte baharatı

★ **4-5 kişilik**

HAZIRLANIŞI

Kıymayı bir kaba alalım. İçine yumurta sarısını, ufalanmış ekmek içini, tuzu, baharatları ekleyelim. Soğanı rendeleyip suyunu sıkarak posasını ekleyelim. Köfte harcını iyice yoğurarak yuvarlak ve yassı köfteler hazırlayalım. Köfteleri kızdırılmış sıvı yağda hafifçe arkalı önlü kızartalım. Yarı yarıya haşlanmış patatesleri yuvarlak dilimler halinde doğrayalım. Yayvan bir tencereye 1 dilim patates 1 köfte olmak üzere hafifçe üst üste bindirerek köfte ve patatesleri sırt sırta dizelim. Tavaya sıvı yağı alalım. Küp doğranmış soğanı ekleyerek pembeleşene dek kavuralım. Küçük doğranmış sivribiberleri rendelenmiş domatesleri ekleyip 2,3 dk. daha kavuralım. 1,5 su bardağı suyu, tuzu ve karabiberi ekleyip bir taşım kaynatarak köftelerin ve patateslerin üzerine gezdirelim. Ağır ateşte köfteler ve patatesler yumuşayana dek pişirip servis yapalım.

NOHUTLU KÖFTE

(MALATYA YEMEĞİ)

MALZEMELER

250 gr. kıyma (yağsız)
1/2 çay bardağı ince bulgur
1 yumurta akı
1 orta boy soğan
1/2 su bardağı nohut (haşlanmış)
1 çorba kaşığı un (köftenin içine)
1 çorba kaşığı salça
2 çorba kaşığı margarin veya tereyağı (40 gr.)
4-5 çorba kaşığı un
tuz, karabiber, kuru nane, reyhan
1/2 demet maydanoz

★ **4-5 kişilik**

HAZIRLANIŞI

Kıymayı bir kaba alalım. İçine ince bulguru, yumurta akını, unu, tuzu, karabiberi ekleyip köfte harcını iyice yoğuralım. Bilye iriliğinde yuvarlak köfteler hazırlayalım. Un serpiştirilmiş bir tepsiye köfteleri alıp tepsiyi sallayarak köftelerin unlanmasını sağlayalım. Tencereye tereyağını alıp eritelim. Küp doğranmış soğanları ekleyerek pembeleşene dek kavuralım. Salçayı, tuzu, baharatları ekleyip 1/2 dk. daha kavuralım. 3 su bardağı sıcak suyu, haşlanmış nohutları ve köfteleri ekleyerek ağır ateşte köfteler yumuşayana dek pişirelim. Üzerine kıyılmış maydanoz serperek servis yapalım.

MÜCVER KÖFTE

MALZEMELER

400 gr. kıyma (yağsız)

3-4 dal taze soğan

1/2 demet dereotu

1 yumurta sarısı

50 gr. kaşar rendesi

4-5 dilim bayat ekmek içi

2-3 diş sarmısak

1/2 su bardağı sıvı yağ

tuz, karabiber, köfte baharatı

★ 4-5 kişilik

HAZIRLANIŞI

Kıymayı bir kaba alalım. İçine ufalanmış ekmek içini, tuzu, baharatları ekleyelim. Ayıklanıp yıkanmış taze soğanları ve dereotunu ince bir şekilde doğrayıp ekleyelim. Kaşar rendesini, yumurta sarısını, dövülmüş sarmısakları ekleyerek köfte harcını iyice yoğuralım. Köfte harcından yuvarlak ve yassı köfteler hazırlayarak margarinle hafifçe yağlanmış fırın kabına dizelim. Köfteleri önceden ısıtılmış 200° ısılı fırında pişirelim. Arzuya göre patates püresi ile servis yapalım.

FIRINDA PİŞEN TAVUK ETLERİ

TAVUK VEYA HİNDİ ETİNİ PİŞİRİRKEN NELERE DİKKAT ETMELİYİZ?

Tavuğu bütün olarak ya da boyun, but, kanat, göğüs gibi parçalara ayırarak fırında kızartacaksanız, tavuğun nar gibi kızarması için 1/2 limon suyuna 1 tatlı kaşığı şeker ilave edip şekeri limon suyunda eritene dek karıştırın ve fırça ile tavuğun derisine sürün.

Fırında kızaran tavuğun veya hindinin lezzetini artırmak için 1-2 diş sarmısağı dövün, içine 1 çorba kaşığı limon suyu, 1/2 çay kaşığı muskat rendesi, tuz, karabiber ve köri, arzuya göre kimyon ilave edip karıştırın. Bu karışımı tavuğun derisinin altına bolca sürün. Üzerine tavuğun derisini kapatıp pişirin.

Fırın veya ızgarada pişireceğiniz, tavuk veya hindi etine lezzet kazandırmak için şu terbiyede birkaç saat bekletin: Soğanı rendeleyin, içine biraz zeytinyağı, karabiber, kekik, kimyon, salça ilave edip karıştırın. Tavuk parçalarını terbiyeye yatırıp buzdolabında 4-5 saat bekletin.

Hindi veya tavuğu haşlayacaksanız, tencereye 4'e kesilmiş 1 soğan ve 1 havuç ekleyin veya 1 soğana birkaç karanfil saplayarak ilave edin. Bir başka gün bir demet temizlenmiş maydanozu ve birkaç diş sarmısağı tavuğun karın boşluğuna yerleştirin. Bir başka gün ise 1 çorba kaşığı limon suyu, birkaç diş sarmısak ekleyin. Bir başka gün tavuğun karın boşluğuna 4'e kesilmiş bir elma yerleştirin. Tavuk suyunu süzgeçten geçirip posasını atın.

Tavuk veya hindi etinin göğüs kısmını ızgara yapacaksanız, ince dilimler halinde keseceğiniz göğüs etini, yumuşak olması için 4-5 saat sütlü, sıvı yağlı karışımda bekletin. Tavuk kanadını da ızgara yapabilirsiniz. Ancak kanatlara bıçakla derin çizikler çizin, sonra süt ve sıvı yağlı terbiyede birkaç saat bekletin. Tavuk veya hindi etini bütün olarak fırında pişirecekseniz, önce eti hafifçe diri kalacak şekilde haşlayın, derisinin üzerine limon suyu sürün. Tavuk veya hindi etini fırın torbası içinde pişirebileceğiniz gibi alüminyum folyoya sararak da pişirebilirsiniz. Eğer fırın torbasında pişireceksseniz torbaya 1 kaşık un serpip torbayı çalkalayın, unun fazlasını silkeleyin. Sonra tavuğu torbaya yerleştirip torbayı kendi teli ile bağlayın, üzerine bıçak ucu ile bir delik açın. Alüminyum folyo veya torbakullanmadan hindi veya tavuğu bütün olarak fırında pişireceksseniz, tavuğu yarı yarıya pişecek kadar haşlayın, sonra fırında kızartın. Üzerine yoğurt ve salça ile hazırladığınız karışımı veya şekerle karıştırdığınız limon suyunu sürün.

Tavuk veya hindi bifteğini kızartacaksanız, una buladıktan sonra kızartın.

TAVUK VEYA HİNDİ ETLERİNİ MARİNE (TERBİYE) ETMEK İÇİN

Tarifini verdiğimiz terbiyede tavuk veya hindi etlerini ara sıra ters yüz ederek en az 4-5 saat buzdolabında bekletin.

MALZEMELER
Tavuk terbiyesi (marinatı) için
1 tatlı kaşığı kekik
1 tatlı kaşığı kırmızıbiber
1 tatlı kaşığı hardal
1/2 tatlı kaşığı kimyon
5-6 diş sarmısak (dövülmüş)
5-6 defne yaprağı
1/2 çay bardağı limon suyu
1/2 çay bardağı sıvı yağ
1 çorba kaşığı yoğurdu karıştırın.

HAZIRLANIŞI
Tavuğu bütün olarak kızartacaksanız, önce yarı yarıya pişene dek haşlayın, sonra bu terbiyeye arkalı önlü yatırın.

ARTAN TAVUK ETİ İLE NELER YAPABİLİRİZ?

Haşlanmış tavuk etiniz arttı ise tavuk graten yapabilirsiniz.

MALZEMELER
1 yumurta
350 gr. haşlanmış tavuk eti
1 su bardağı süt
1 çorba kaşığı tereyağı
veya margarin (30 gr.)
1 çorba kaşığı un (tepeleme)
3 çorba kaşığı kaşar rendesi
tuz, karabiber
Garnitür (arzuya göre)
haşlanmış 1 orta boy havuç,
1 orta boy patates,
1 su bardağı konserve bezelye

HAZIRLANIŞI
Haşlanmış tavuk etini kemiklerinden ayırıp diderek küçük doğrayalım. Bir tavaya yağı alıp eritelim, unu ilave ederek sürekli karıştırıp unun hafifçe sararmasını sağlayalım. Sütü azar azar ve karıştırarak ekleyip karıştırmaya ara vermeden sos koyulaşana dek pişirelim. Sosu iyice ılıtalım. İçine tuzu, karabiberi, yumurtayı ekleyip çırpma teli ile karıştıralım. İçine tavuk etlerini ekleyip tekrar karıştıralım. (Dilerseniz bu karışıma haşlanmış mantarı da ekleyebilirsiniz.) Fırın kabını margarinle yağlayıp un serpiştirelim. İçine tavuklu harcı yayalım, üzerine kaşar rendesi serpip önceden ısıtılmış 200° ısılı fırında kaşarlar eriyip üzeri pembeleşene dek pişirelim. Grateni fırından alıp dilimleyerek servis yapalım.

Bir başka gün, haşlanmış tavuk etine haşlanmış bezelyeyi (ya da konserve bezelyeyi), haşlanmış ve küp doğranmış havuç ve patatesi hep birlikte ilave edin, vaktiniz dar ise suyunu iyice süzdüğünüz 1 küçük kutu garnitür konserve veya haşlanmış mantar ilave edin ve aynı şekilde pişirin.

FIRINDA SEBZELİ TAVUK

MALZEMELER

1 orta boy tavuk
1 orta boy soğan
1 orta boy havuç
5 orta boy patates
200 gr. bezelye (haşlanmış)
3 orta boy domates
5-6 sivribiber
1 su bardağı sıvı yağ
1/4 limon suyu
tuz, karabiber

★ 5-6 kişilik

HAZIRLANIŞI

Tavuğu birkaç su yıkayarak bir tencereye yerleştirelim. Soğanı ve havucu iri doğrayarak tavuğun etrafındaki boşluklara yerleştirelim. Limon suyunu, sarmısakları, tuzu ve tavuğun yarısına gelecek kadar sıcak suyu ekleyip ağır ateşte tavuk eti hafifçe diri kalacak şekilde haşlayarak tencereden alalım. Suyunu süzgeçten geçirip posasını atalım. Bu arada patatesleri elma dilimleri gibi doğrayarak kızdırılmış sıvı yağda hafifçe kızartıp fırın kabına yayalım, üzerine haşlanmış bezelyeleri yayalım. Tavuğun kanatlarını, butlarını, göğüs kısmını keskin bir bıçakla 5-6 parçaya ayırıp fırın kabına yerleştirelim. Etlerin aralarındaki boşluklara domates dilimlerini ve sivribiberleri yerleştirelim. Salçayı 1,5-2 su bardağı sıcak tavuk suyu ile inceltelim. Tuz ve karabiber ekleyip karıştırarak fırın kabına boşaltalım. Fırın kabının üzerini alüminyum folyo ile kapatarak ısıtılmış 230° ısılı fırında etler ve sebzeler yumuşayana dek pişirip servis yapalım.

TAVUK DOLMASI

MALZEMELER

1 iri boy tavuk
1/4 limon suyu
2 defne yaprağı
tuz

İç pilavı için

1,5 çay bardağı pirinç
1 çorba kaşığı çam fıstığı
1 çorba kaşığı kuşüzümü
4 çorba kaşığı sıvı yağ
1 orta boy soğan
2 çay bardağı tavuk suyu
1 çay kaşığı yenibahar
tuz, karabiber

Üzerine sürmek için

1/2 limon suyu
1 tatlı kaşığı şeker
tuz

★★★ 7-8 kişilik

HAZIRLANIŞI

Tavuğu birkaç su yıkayarak bir tencereye yerleştirelim. İçine limon suyunu, defne yapraklarını, tuzu ve tavuğun yarısına gelene kadar sıcak suyu ekleyelim. Ağır ateşte tavuğun eti hafifçe diri kalacak şekilde haşlayarak tencereden alalım. Pirinçleri ılık, tuzlu suda 1/2 saat bekletelim. Tavuğun içine dolduracağımız iç pilavı hazırlayalım. Bir tencereye sıvı yağı alalım. Küp doğranmış soğanı ve dolmalık fıstıkları ekleyip soğanlar pembeleşene dek kavuralım. Pirinçleri birkaç su yıkayıp suyunu iyice süzerek ekleyelim. Pirinçler şeffaflaşana dek kavurmaya devam edelim. Tuzu, baharatları, kuşüzümlerini, sıcak tavuk suyunu ekleyelim, ağır ateşte pirinçler suyunu çekene dek pişirip ateşten alalım. Tavuğun karın boşluğuna iç pilavı dolduralım. Kanatlarının ve butlarının pişerken dağılmaması için kanatları ve butları temiz bir ip ile birbirine bağlayalım. Limon suyunu, şekeri ve tuzu bir kapta karıştırarak fırça yardımı ile tavuğun derisine sürelim. Tavuğu hafifçe yağlanmış fırın kabına yerleştirerek ısıtılmış 230° ısılı fırında derisi nar gibi kızarana dek pişirip servis yapalım.

FIRINDA TAVUK

MALZEMELER

1 orta boy tavuk
1 orta boy havuç
1 orta boy soğan
1/2 çorba kaşığı salça
2-3 defne yaprağı
3 çorba kaşığı sıvı yağ
1/4 limon suyu
3-4 diş sarmısak
2 kesme şeker
1 çay kaşığı köri
tuz
★ **5-6 kişilik**

HAZIRLANIŞI

Tavuğu birkaç su yıkayarak bir tencereye yerleştirelim. Soğanı ve havucu iri doğrayarak tavuğun etrafındaki boşluklara yerleştirelim. Limon suyunu, sarmısakları, defne yapraklarını, tuzu ve tavuğun yarısına gelecek kadar sıcak suyu ekleyip ağır ateşte tavuk eti hafifçe diri kalacak şekilde haşlayarak tencereden alalım. Tavuğu hafifçe yağlanmış fırın kabına yerleştirelim. Tavaya sıvı yağı alıp salçayı ekleyerek 1/2 dk. kavuralım. 2-3 çorba kaşığı tavuk suyunu, tuzu, köriyi, kesme şekeri ilave ederek sosu bir taşım kaynatıp ateşten alalım. Sosu fırça yardımıyla tavuğun derisine sürelim. Isıtılmış 230° ısılı fırında tavuğun derisi nar gibi kızarana dek pişirip servis yapalım.

Fırında Tavuk

(Fırın Torbasında)

MALZEMELER

1 orta boy tavuk

Terbiye (marine) için

2-3 diş sarmısak

2 orta boy soğan

1/2 limon suyu

1/2 çorba kaşığı salça

1/2 tatlı kaşığı kekik

1 tatlı kaşığı şeker

1/2 kahve fincanı sıvı yağ

tuz, karabiber

Sosu için

3 orta boy domates

1 çorba kaşığı ketçap

4 çorba kaşığı sıvı yağ

1 tatlı kaşığı limon suyu

3 kesme şeker

1-2 diş sarmısak

tuz, karabiber

★ 5-6 kişilik

HAZIRLANIŞI

Tavuğu birkaç su yıkayarak bekletelim. Bir kabın içine rendelenmiş soğanları, dövülmüş sarmısakları, limon suyunu, salçayı, tuzu, karabiberi, kekiği ve şekeri ilave ederek karıştıralım. Sosu tel süzgeçten geçirerek içine sıvı yağı ekleyelim, tavuğun iç ve dış kısmına sosu fırça yardımıyla sürüp buzdolabında 4-5 saat bekletelim. Yanmaz fırın torbasına bir tatlı kaşığı un serperek torbayı çalkalayalım. Unun fazlasını torbadan silkeleyerek içine tavuğu yerleştirelim. Torbanın ağız kısmını kendi teli ile bağlayarak fırın kabına yerleştirip üst kısmına bıçak ucu ile bir delik açalım. Isıtılmış

230° ısılı fırında tavuğun üzeri nar gibi kızarana dek pişirelim. Bu arada sosunu hazırlayalım. Tavaya sıvı yağı alalım, rendelenmiş domatesleri, dövülmüş sarmısakları ekleyip 2-3 dk. suyu çekilene dek kavuralım. Ketçabı, tuzu, karabiberi, şekeri, limon suyunu ekleyip bir taşım kaynatarak ateşten alalım ve tel süzgeçten geçirelim. Tavuğu fırından aldıktan sonra kanat, but, göğüs kısmını keskin bir bıçak yardımıyla 5-6 parçaya ayırıp domates sosu ile birlikte servis yapalım.

pişirelim ve ateşten alalım. İri dövülmüş cevizleri ekleyerek karıştıralım. Tavuğun karın boşluğuna pilavın bir kısmını dolduralım. Kanatlarının ve butlarının pişerken dağılmaması için kanatları ve butları temiz bir ip ile birbirine bağlayalım. Salçayı ve yoğurdu bir kapta karıştırarak fırça yardımı ile tavuğun derisine sürelim. Tavuğu hafifçe yağlanmış fırın kabına yerleştirerek ısıtılmış 230° ısılı fırında derisi nar gibi kızarana dek pişirelim. Artan bulgur pilavını servis tabağına yayalım, üzerine tavuğu yerleştirip servis yapalım.

AKSARAY USULÜ TAVUK DOLMASI

MALZEMELER

1 iri boy tavuk
1/4 limon suyu
2 defne yaprağı
tuz
İç pilavı için
2 su bardağı bulgur
2,5 su bardağı tavuk suyu
3/4 çay bardağı sıvı yağ
2 orta boy soğan
1 çorba kaşığı salça
50 gr. ceviz (iri dövülmüş)
tuz, karabiber, pulbiber
Üzerine sürmek için
1/2 çorba kaşığı salça
1/2 çorba kaşığı yoğurt
★★★ **7-8 kişilik**

HAZIRLANIŞI

Tavuğu birkaç su yıkayarak tencereye yerleştirelim. Limon suyunu, defne yapraklarını, tuzu ve tavuğun yarısına gelecek kadar sıcak suyu ekleyelim. Ağır ateşte tavuğun eti hafifçe diri kalacak şekilde haşlayarak tencereden alalım. Tavuğun içine dolduracağımız iç pilavı hazırlayalım. Bir tencereye sıvı yağı alalım. Küp doğranmış soğanları ekleyip pembeleşene dek kavuralım. Salçayı ekleyip birkaç kez çevirelim. Bulgurları, tuzu, baharatları, sıcak tavuk suyunu ekleyip ağır ateşte bulgurlar suyunu çekene dek

TERBİYELİ TAVUK YAHNİSİ

MALZEMELER

350 gr. kuşbaşı tavuk veya hindi eti
100 gr. bezelye (haşlanmış)
1 orta boy soğan
1 orta boy havuç (haşlanmış)
2 orta boy domates
100 gr. mantar (haşlanmış)
1/2 çorba kaşığı nişasta
1/2 çay bardağı sıvı yağ
1/2 su bardağı tavuk suyu veya su
tuz, karabiber
★ **4-5 kişilik**

HAZIRLANIŞI

Tencereye sıvı yağı alalım. Tavuk etlerini ekleyelim, suyunu bırakıp çekene dek kavuralım. Küp doğranmış soğanları ekleyip pembeleşene dek kavurmaya devam edelim. Haşlanıp tavla zarı iriliğinde doğranmış havucu, limonlu suda haşlanıp ince uzun dilimlenmiş mantarları, kuşbaşı iriliğinde doğranmış domatesi, haşlanmış bezelyeleri, tuzu ve karabiberi, etlerin ve sebzelerin üzerini hafifçe aşacak kadar sıcak suyu ekleyerek ağır ateşte etler ve sebzeler yumuşayana dek pişirelim. Nişastayı 1/2 su bardağı tavuk suyu ile inceltip karıştırarak tencereye alalım. 5 dk. daha sürekli karıştırarak pişirip ateşten alalım ve servis yapalım.

beğendisini hazırlayalım. Patlıcanları 4-5 yerinden çatalla delelim, ocak ateşinde sık sık çevirerek ve iç kısmı yumuşayana dek közleyelim. Sonra kabuklarını soyup çok ince bir şekilde doğrayalım. Tavaya sıvı yağı alalım, unu ekleyip karıştırarak hafifçe sararana dek kavuralım. Azar azar ve karıştırarak sütü ve tuzu ekleyip sos koyulaşana dek karıştırmaya ara vermeden pişirelim. Sonra kıyılmış patlıcanları ve kaşar rendesini ekleyip karıştıralım, beğendiyi ateşten alıp servis tabağına yayalım. Yanına etleri sosu ile birlikte alıp üzerine kıyılmış dereotu serperek servis yapalım.

> **Y**emeği pişirdikten sonra
> defne yapraklarını tencereden çıkarın.

BEĞENDİLİ PİLİÇ YAHNİSİ
(OSMANLI MUTFAĞINDAN)

MALZEMELER
1 orta boy piliç
2 orta boy soğan
2 çorba kaşığı tereyağı veya margarin (40 gr.)
3-4 sivribiber
2 orta boy domates
1/2 demet maydanoz
1/2 su bardağı sıvı yağ
2-3 defne yaprağı
tuz, karabiber
Beğendisi için
2 orta boy patlıcan
1/2 kahve fincanı un
3 kahve fincanı süt
1/2 kahve fincanı sıvı yağ
50 gr. kaşar rendesi
tuz
★★ **4-5 kişilik**
HAZIRLANIŞI
Pilici yıkayıp kanat, kol, but ve göğüs kısımlarını keskin bir bıçakla 5-6 parçaya ayırarak kızdırılmış sıvı yağda arkalı önlü kızartalım ve yayvan bir tencereye yerleştirelim. Bir tavaya tereyağını alıp eritelim. Küp doğranmış soğanları ekleyerek pembeleşene dek kavuralım. Küçük doğranmış sivribiberleri, tavla zarı iriliğinde doğranmış domatesleri, tuzu ve karabiberi ekleyerek 2-3 dk. daha kavurup kızarmış etlerin üzerine yayalım. Etlerin üzerini hafifçe aşacak kadar sıcak suyu ve defne yapraklarını ekleyerek ağır ateşte etler yumuşayana dek pişirelim. Bu arada

PATATESLİ PİLİÇ YAHNİSİ

MALZEMELER
1 orta boy piliç
4-5 sivribiber
5 orta boy patates
7-8 diş sarmısak
1/2 su bardağı sıvı yağ
2-3 defne yaprağı
tuz, karabiber
★ **5-6 kişilik**
HAZIRLANIŞI
Pilici yıkayıp kanat, kol, but ve göğüs kısımlarını keskin bir bıçakla 5-6 parçaya ayırarak kızdırılmış sıvı yağda arkalı önlü kızartalım ve yayvan bir tencereye alalım. Patatesleri iri kuşbaşı büyüklüğünde doğrayarak butların üzerine yayalım. İri doğranmış sivribiberleri, doğranmış sarmısakları, tuzu, karabiberi, defne yapraklarını, butların ve sebzelerin üzerini hafifçe aşacak kadar sıcak suyu ekleyip ağır ateşte etler ve sebzeler yumuşayana dek pişirelim ve servis yapalım. Yemeği pişirdikten sonra defne yapraklarını tencereden çıkarın.

TAVUKLU DALYAN KÖFTE

MALZEMELER

350 gr. tavuk kıyması

1 orta boy soğan

1 yumurta sarısı

3-4 dilim bayat ekmek içi

1 orta boy havuç (haşlanmış)

75 gr. bezelye (haşlanmış)

1 orta boy patates

tuz, karabiber, köfte baharatı

★ 4-5 kişilik

HAZIRLANIŞI

Bir kabın içine tavuk kıymasını alalım. Soğanı rendeleyip suyunu sıkarak posasını ekleyelim. Ufalanmış bayat ekmek içini, yumurta sarısını, tuzu ve baharatları ekleyip iyice yoğuralım. Haşlanmış havucu ve patatesi tavla zarı iriliğinde doğrayalım. Haşlanmış bezelyelerin suyunu süzelim. Sebzeleri de köfte harcına ekleyerek bir kez daha yoğuralım. Alüminyum folyonun üzerini fırça yardımıyla erimiş margarinle yağlayıp hafifçe un serpelim. Köfte harcını alüminyum folyonun uzun kenarlarına silindirik bir şekil vererek yerleştirelim. Alüminyum folyoyu rulo yaparak saralım. Folyo paketinin yan kenarlarını büzüp kapatalım ve fırın kabına yerleştirelim. Köfteyi ısıtılmış 200° ısılı fırında 30-35 dk. pişirelim. Folyo paketinin bir kenarını açıp köftenin pişip pişmediğini kontrol ederek fırından alalım. Köftenin üzerindeki

Yayla Soslu Tavuk Kebabı

MALZEMELER
1 tavuk göğsü
1/4 limon suyu
1 orta boy soğan
1 orta boy havuç
2 defne yaprağı
7-8 tane karabiber
tuz

Yayla sosu için
3 çorba kaşığı un
2 su bardağı tavuk suyu
5 çorba kaşığı yoğurt
2 çorba kaşığı tereyağı veya margarin (40 gr.)
50 gr. kaşarpeyniri
1 tatlı kaşığı nane, tuz
★ **4-5 kişilik**

HAZIRLANIŞI

Tavuk göğsünü tencereye alalım. İri doğranmış soğanı ve havucu, defne yapraklarını, tuzu, tane karabiberi ve etin üzerini hafifçe aşacak kadar sıcak suyu, limon suyunu ekleyip ağır ateşte tavuk eti yumuşayana dek haşlayalım. Haşlanan göğüs etini kemiklerinden ayırarak ince dilimler halinde kesip servis tabağına yayalım. Bu arada sosu hazırlayalım. Tavaya tereyağını alıp eritelim. Unu ekleyip sürekli karıştırarak un hafifçe sararana dek kavuralım. Sıcak tavuk suyunu ekleyip karıştırmaya ara vermeden sos koyulaşıp üzeri göz göz olana dek pişirelim ve ateşten alalım. İçine yoğurdu, kaşar rendesini, kuru naneyi, tuzu ekleyip karıştıralım. Sosu etlerin üzerine gezdirip servis yapalım.

> **G**öğüs eti haşlandıktan sonra defne yapraklarını tencereden çıkarın.

EKŞİLİ, TATLILI RUMELİ YAHNİSİ

MALZEMELER

350 gr. kuşbaşı tavuk veya hindi eti
2 orta boy soğan
2-3 diş sarmısak
1 orta boy havuç
150 gr. tazefasulye
2 portakal suyu
1 çorba kaşığı şeker
2 çorba kaşığı sirke
1/2 çorba kaşığı nişasta
1 çorba kaşığı salça
3 çorba kaşığı soya sosu
3/4 çay bardağı sıvı yağ (yarısı sebzeler, yarısı et için ayrılır)
tuz, karabiber
★ **4-5 kişilik**

HAZIRLANIŞI

Tavuk etlerini bir kaba alalım. İçine soya sosunu ekleyip karıştırarak buzdolabında 4-5 saat bekletelim. Tencereye sıvı yağı alalım, küp doğranmış soğanları ve sarmısakları ekleyip pembeleşene dek kavuralım. Yuvarlak dilimlenmiş havucu ve ince şeritler halinde doğranmış tazefasulyeleri ekleyip 3-4 dk. daha sebzeler yumuşayana dek kavurmaya devam edelim. Salçayı ekleyip 1/2 dk. daha kavuralım. Portakal suyunu, tuzu, şekeri, sirkeyi ekleyip sebzeler diriliklerini kaybedene dek pişirelim. Nişastayı 1/2 çay bardağı su ile incelterek ilave edelim ve bir taşım kaynatarak ateşten alalım. Bu arada bir tavaya sıvı yağı alalım, etleri ekleyelim, suyunu bırakıp çekene dek kavuralım. Tuzu, karabiberi ve sebzeli harcı ekleyip karıştırarak 5 dk. daha pişirelim. Ateşten alıp servis yapalım.

MANTARLI TAVUK YAHNİSİ

MALZEMELER

1/2 kg. kuşbaşı tavuk veya hindi eti
250 gr. mantar
1 orta boy soğan
2 orta boy domates
3-4 sivribiber
1/4 limon suyu
3/4 çay bardağı sıvı yağ (yarısı sebzeler, yarısı et için ayrılır)
3-4 diş sarmısak
2 defne yaprağı
tuz, karabiber, kekik
★ **4-5 kişilik**

HAZIRLANIŞI

Tencereye sıvı yağı alalım. Tavuk etlerini ekleyip suyunu bırakıp çekene dek kavurarak delikli kepçe ile alalım. Ayrı bir tavaya sıvı yağı alalım. Küp doğranmış soğanları ve sarmısakları ekleyip pembeleşene dek kavuralım. Kuşbaşı iriliğinde doğranmış domatesleri ve doğranmış sivribiberleri, tuzu ve baharatları ekleyip 1-2 dk. daha kavurmaya devam edelim. Sonra sotelenmiş tavuk etlerini, limonlu suda haşlanıp ince uzun dilimlenmiş mantarları, defne yapraklarını, üzerini hafifçe aşacak kadar sıcak suyu ekleyerek ağır ateşte etler ve sebzeler yumuşayana dek pişirelim. İçindeki defne yapraklarını çıkarıp servis yapalım.

PİLİÇ KAPAMA

(PİLİÇ ETLİ TÜRLÜ)

MALZEMELER

350 gr. kuşbaşı tavuk veya hindi eti

2 orta boy soğan

3/4 çay bardağı sıvı yağ

3-4 sivribiber

2 orta boy domates

2 orta boy patates

250 gr. mantar

1 kıvırcık marul göbeği

3-4 diş sarmısak

(arzuya göre) 2 çorba kaşığı soya sosu

tuz, karabiber

★ **4-5 kişilik**

HAZIRLANIŞI

Tencereye sıvı yağı alalım, tavuk etlerini ekleyelim, suyunu bırakıp çekene dek kavuralım. Küp doğranmış soğanları ve sarmısakları ekleyerek pembeleşene dek kavurmaya devam edelim. Üzerine küçük kuşbaşı iriliğinde doğranmış patatesleri, ince uzun dilimlenmiş mantarları, küçük doğranmış sivribiberleri, kuşbaşı iriliğinde doğranmış domatesleri, etlerin ve sebzelerin üzerini hafifçe aşacak kadar sıcak suyu ekleyerek ağır ateşte etler ve sebzeler yumuşayana dek pişirelim. Yemeği ateşten almadan 10 dk. önce tuzu, karabiberi, marul göbeğini ekleyip pişirmeye devam edelim. Üzerine arzuya göre soya sosu gezdirerek servis yapalım.

ÇİFTLİK KEBABI

MALZEMELER

350 gr. kuşbaşı tavuk veya hindi eti

1 orta boy soğan

250 gr. mantar

3-4 sivribiber

2 orta boy domates

100 gr. bezelye (haşlanmış)

1/2 çay bardağı sıvı yağ

tuz, karabiber

★ **4-5 kişilik**

HAZIRLANIŞI

Tencereye sıvı yağı alalım. Tavuk etlerini ekleyelim, suyunu bırakıp çekene dek kavuralım. Küp doğranmış soğanı ekleyerek pembeleşene dek kavurmaya devam edelim. İnce uzun dilimlenmiş mantarları ekleyerek suyunu bırakıp çekene dek kavuralım. Doğranmış sivribiberleri ve tavla zarı iriliğinde doğranmış domatesleri ekleyip 2-3 dk. daha kavuralım. Haşlanmış bezelyeleri, etlerin ve sebzelerin üzerini hafifçe aşacak kadar sıcak suyu, tuzu ve karabiberi ekleyerek ağır ateşte etler ve sebzeler yumuşayana dek pişirip servis yapalım.

PÜRELİ HİNDİ BOHÇASI

MALZEMELER

5 dilim hindi veya tavuk bifteği

2 orta boy patates (haşlanmış)

30 çorba kaşığı süt

5 dilim kaşar

1/2 su bardağı sıvı yağ

tuz

★ **4-5 kişilik**

HAZIRLANIŞI

Hindi bifteklerini döverek biraz inceltip arkalı önlü tuz ve karabiber serpelim. Haşlanmış patatesleri sıcakken rendeleyip içine sıcak sütü ve tuzu ekleyerek pürüzsüz kıvama gelene dek karıştıralım. Püreyi bifteklerin ortalarına paylaştırarak karşılıklı kenarlarını bohça kapatır gibi kapatalım ve kürdan yardımı ile kenarlarını teğel yapar gibi tutturup sabitleyelim. Biftek bohçalarını kızdırılmış sıvı yağda ve ağır ateşte sık sık çevirerek biftekler hafifçe renk alana dek arkalı önlü kızartalım. Bohçaları delikli kepçe ile alıp fırın kabına yerleştirelim. Üzerlerine birer kaşar dilimi yerleştirerek fırının üst rafında kaşarlar eriyene dek ikinci kez pişirelim. Biftek bohçalarını arzuya göre domates sosu ile servis yapalım.

BAHÇE KEBABI

MALZEMELER

1 tavuk göğsü (haşlanmış)
1 orta boy soğan
1 orta boy havuç
1 orta boy patates
1 orta boy kabak
3-4 diş sarmısak
1 çarlistonbiber
2 orta boy domates
3/4 çay bardağı sıvı yağ
tuz, karabiber

★ 4-5 kişilik

HAZIRLANIŞI

Tencereye sıvı yağı alalım. Piyaz doğranmış soğanları ve sarmısakları ekleyerek pembeleşene dek kavuralım. Havucu ve kabağı boyuna yarıdan kesip dilimleyerek ekleyelim. Arada bir karıştırarak 2-3 dk. kavuralım. Kuşbaşı iriliğinde doğranmış patatesi ekleyerek 2-3 dk. daha kavurmaya devam edelim. Küçük doğranmış çarlistonbiberi, tavla zarı iriliğinde doğranmış domatesleri ekleyelim. Haşlayıp kemiklerinden ayırdığımız göğüs etini iri parçalara ayırarak ekleyelim. Etlerin ve sebzelerin üzerini hafifçe aşacak kadar sıcak tavuk suyunu, tuzu ve karabiberi ekleyerek ağır ateşte sebzeler yumuşayana dek pişirip servis yapalım.

SOYA SOSLU
TAVUKLU MANTAR SOTE

MALZEMELER

1/2 kg. kuşbaşı tavuk veya hindi eti
3/4 çay bardağı sıvı yağ
350 gr. mantar
2 orta boy soğan
1 çorba kaşığı un (tepeleme)
1/2 paket krema (100 gr.)
2 çorba kaşığı soya sosu
1 su bardağı tavuk suyu veya 1 su bardağı

su+tavuk bulyon
tuz, karabiber
★ **4-5 kişilik**

HAZIRLANIŞI

Tavaya sıvı yağın yarısını alalım. Tavuk etlerini ekleyelim, suyunu bırakıp çekene dek kavurarak ateşten alalım. Ayrı bir tavaya kalan sıvı yağı alıp, küp doğranmış soğanları ekleyerek pembeleşene dek kavuralım.

İnce uzun dilimlenmiş mantarları ekleyerek
suyunu bırakıp çekene dek kavuralım.
Sonra sotelenmiş etleri, soya sosunu, tuzu,
karabiberi ekleyip 1-2 dk. daha karıştırarak
kavurmaya devam edelim. Bu arada tavuk
suyuna unu ekleyip topaksız kıvama gelene
dek karıştıralım ve ekleyelim. Karıştırmaya ara
vermeden 2-3 dk. daha pişirelim. Kremayı
ekleyip birkaç kez karıştırarak ateşten alalım
ve servis yapalım.

ELMA SOSLU TAVUK BUDU

MALZEMELER
4 tavuk budu
1 iri boy ekşi elma
1/2 çay bardağı sıvı yağ
2 çorba kaşığı tereyağı veya margarin (40 gr.)
1 çorba kaşığı krema (50 gr.)
1 tatlı kaşığı limon suyu
1 çay kaşığı köri
tuz, karabiber

★ 4-5 kişilik
HAZIRLANIŞI
Elmayı soyup çekirdek yatağını çıkararak
fındık iriliğinde doğrayalım. Tencereye sıvı
yağı alalım. Elmaları ekleyip püre gibi olana
dek karıştırarak pişirelim. Butları ekleyerek
ara sıra alt üst edip 10 dk. butlar hafifçe
yumuşayana dek pişirmeye devam edelim.
Butların üzerini hafifçe aşacak kadar sıcak
suyu, limon suyunu, tuzu ve baharatları
ekleyerek ağır ateşte butlar yumuşayana dek
pişirelim. Kremayı 1 kepçe yemeğin suyu ile
inceltip ekleyerek bir taşım daha kaynatalım
ve ateşten alalım. Butları tenceredeki sosu ile
birlikte servis yapalım.

MİLFÖYDE TAVUK BUDU

MALZEMELER
4 tavuk budu
2 orta boy soğan
1 orta boy havuç
1/4 limon suyu
8 adet milföy hamuru
1 yumurta sarısı
tuz

★ 4-5 kişilik
HAZIRLANIŞI
Tavuk butlarını birkaç su yıkayarak bir
tencereye yerleştirelim. Üzerlerini hafifçe
aşacak kadar sıcak suyu, dörde kesilmiş
soğanları, iri doğranmış havucu, limon suyunu
ve tuzu ekleyerek butlar yumuşayana dek
haşlayalım. Butları delikli kepçe ile alıp
suyunun iyice süzülmesini sağlayalım. 2 milföy
hamurunu yan yana yapıştırarak merdane ile
hafifçe inceltelim. Milföy hamurlarının bir
kenarlarına bir but yerleştirip hamurun diğer
kenarını butun üzerine çevirerek kapatalım.
Hamurların kenar fazlalıklarını kesip çıkaralım
ve kenarları yapıştırıp üzerlerine yumurta
sarısı sürelim. Diğer butları da aynı şekilde
hazırlayalım. Butların kemikli kısımlarını
alüminyum folyo ile sararak ısıtılmış 220° ısılı
fırında milföylerin altı ve üzeri kızarana dek
pişirelim.

IZGARADA TAVUK BUDU

MALZEMELER

5 tavuk budu
Terbiye (marine) için
2 limon kabuğu rendesi
2 limon suyu
1 çorba kaşığı şeker
tuz, kırmızıbiber

★ **4-5 kişilik**

HAZIRLANIŞI

Butları ızgarada pişirilmek üzere kasabımıza hazırlatalım. Limon kabuklarını rendeleyerek içine limon suyunu, şekeri, tuzu ve kırmızıbiberi ilave edip karıştıralım. Butları terbiye içinde ara sıra ters yüz ederek buzdolabında 4-5 saat bekletelim. Butları terbiyeden çıkarıp kömür alevinde veya ızgarada arkalı önlü pişirerek servis yapalım.

SOSLU PİLİÇ ROTİ

MALZEMELER

4 tavuk budu
2 orta boy soğan
1,5 çorba kaşığı un
1/2 çay bardağı sıvı yağ
1 çorba kaşığı salça
1,5 su bardağı süt
1/4 limon suyu
1 çay kaşığı köri
tuz, karabiber

★ **4-5 kişilik**

HAZIRLANIŞI

Tavuk butlarını birkaç su yıkayarak bir tencereye yerleştirelim. Üzerlerini hafifçe aşacak kadar sıcak su, limon suyu ve tuz ilave edip ağır ateşte butlar yumuşayana dek haşlayalım. Bir tavaya sıvı yağı alalım. Küp doğranmış soğanları ekleyerek

pembeleşene dek kavuralım. Unu ekleyip karıştırarak sararana dek kavuralım. Salçayı, tuzu, baharatları ekleyip birkaç kez çevirelim. Sonra sütü ekleyelim, karıştırmaya ara vermeden ağır ateşte sos koyulaşana dek pişirelim. Butları delikli kepçe ile servis tabağına alalım, üzerine sosu gezdirip servis yapalım.

BUT YAHNİSİ

MALZEMELER

4 tavuk budu
2 orta boy soğan
1 orta boy havuç
2-3 defne yaprağı
1 çay bardağı sıvı yağ
1/2 çorba kaşığı un
1 çorba kaşığı salça
1,5 tatlı kaşığı limon suyu
tuz, karabiber

★ **4-5 kişilik**

HAZIRLANIŞI

Tavaya sıvı yağı alıp kızdıralım. Butları arkalı önlü nar gibi olana dek kızartarak delikli kepçe ile çıkarıp yayvan bir tencereye dizelim. Ayrı bir tavaya butları kızarttığımız yağın üçte birini alalım. Küp doğranmış soğanı ve tavla zarı iriliğinde doğranmış havucu ekleyerek 2-3 dk. karıştırarak kavuralım. Unu ekleyip hafifçe sararana dek kavurmaya devam edelim. Salçayı, tuzu, karabiberi ekleyip birkaç kez çevirelim. 1-1,5 su bardağı sıcak su ekleyip sosu bir taşım kaynatarak ateşten alalım, butların üzerine gezdirelim. Defne yapraklarını ve limon suyunu ekleyerek ağır ateşte butlar yumuşayana dek pişirip servis yapalım.

> **B**utlar piştikten sonra defne yapraklarını tencereden çıkarın.

MANTARLI TAVUK SOTE

MALZEMELER

1/2 kg. kuşbaşı tavuk veya hindi eti
2 orta boy soğan
2 orta boy domates
2-3 sivribiber
350 gr. mantar
3/4 çay bardağı sıvı yağ
1/2 demet dereotu
tuz, karabiber
★ 4-5 kişilik

HAZIRLANIŞI

Tavaya sıvı yağı alalım, tavuk etlerini ekleyerek suyunu bırakıp çekene dek kavuralım. Küp doğranmış soğanları ekleyip pembeleşene dek kavurmaya devam edelim. İnce uzun dilimlenmiş mantarları ekleyelim, suyunu bırakıp çekene dek kavuralım. Küçük doğranmış sivribiberleri, tavla zarı iriliğinde doğranmış domatesleri, tuzu, karabiberi ekleyip ağır ateşte etler ve sebzeler yumuşayana dek kavurarak ateşten alalım.

Üzerine kıyılmış dereotu serperek servis yapalım.

BADEMLİ HİNDİ SOTE

MALZEMELER

1/2 kg. hindi veya tavuk bifteği
1 orta boy havuç
2 orta boy salçalık kırmızıbiber
25 gr. badem
1/2 su bardağı sıvı yağ (sebzeler için)
1/2 çay bardağı sıvı yağ (etler için)
tuz, karabiber
Terbiye (marine) için
1/2 orta boy pırasa
1 portakal suyu
3 çorba kaşığı soya sosu
2 çorba kaşığı zeytinyağı
1/2 tatlı kaşığı zencefil
1 tatlı kaşığı şeker
tuz
★ 4-5 kişilik

HAZIRLANIŞI

Hindi bifteklerini ince uzun (jülyen) doğrayalım. Marine etmek için, bir kabın içine portakal suyunu, soya sosunu, zeytinyağını, zencefili, şekeri, tuzu ve çok ince doğranmış pırasaları ekleyip karıştıralım. İçine etleri ekleyip arada bir karıştırarak buzdolabında 4-5 saat bekletelim. Bu arada bademleri sıcak suda 5 dk. bekletip kabuklarını soyalım. Tavaya sıvı yağı alıp kızdıralım, bademleri ekleyerek hafifçe renk alana dek kavuralım ve delikli kepçeyle alalım. Aynı yağda kibrit çöpü inceliğinde doğranmış kırmızıbiberleri hafifçe diri kalacak şekilde kavurup delikli kepçeyle alalım. Kibrit çöpü inceliğinde doğranmış havuçları kavurup delikli kepçe ile alalım. Etleri marinattan çıkarıp iyice süzelim.

Bir tavaya sıvı yağı alıp etleri ekleyelim. Arada bir karıştırarak etler suyunu bırakıp çekene dek kavuralım. Tuzu ve karabiberi ekleyip 2-3 dk. daha karıştırarak kavuralım, delikli kepçeyle servis tabağına alalım. İçine sotelenmiş sebzeleri ve kavrulmuş bademleri ekleyip karıştırarak servis yapalım.

MANTARLI, LİMON SOSLU TAVUK SOTE

MALZEMELER
1/2 kg. kuşbaşı tavuk veya hindi eti
350 gr. mantar
2 orta boy soğan
1 limon kabuğu rendesi
1,5 çorba kaşığı limon suyu
1/2 çorba kaşığı un
1/2 su bardağı tavuk suyu veya su
3/4 çay bardağı sıvı yağ
2 çorba kaşığı krema (75 gr.)
tuz, karabiber
★ 4-5 kişilik
HAZIRLANIŞI
Tavaya sıvı yağı alalım. Tavuk etlerini ekleyelim, suyunu bırakıp çekene dek kavuralım. Küp doğranmış soğanı ekleyip pembeleşene dek kavurmaya devam edelim. İnce uzun dilimlenmiş mantarları, tuzu, karabiberi ekleyerek mantarlar suyunu bırakıp çekene dek kavuralım. Bir kapta tavuk suyunu, unu, limon kabuğu rendesini, limon suyunu topaksız kıvama gelene dek karıştıralım ve azar azar karıştırarak ekleyelim. Karıştırmaya devam ederek 2-3 dk. daha pişirelim. Kremayı ekleyip bir taşım kaynatarak ateşten alalım ve servis yapalım.

KÖRİLİ TAVUK SOTE

MALZEMELER
1 tavuk göğsü
4-5 çorba kaşığı un
1/2 su bardağı sıvı yağ
1/4 limon suyu
2 defne yaprağı
1 tatlı kaşığı köri
tuz, karabiber
★ 5-6 kişilik
HAZIRLANIŞI
(arzuya göre) 4 orta boy patates (haşlanmış)
(arzuya göre) 2 çorba kaşığı krema (75 gr.)
Tavuk göğsünü tencereye alıp üzerini aşacak kadar sıcak suyu, tuzu, defne yapraklarını ve limon suyunu ekleyerek göğüs eti yumuşayana dek haşlayalım. Göğüs etini kemiklerinden ayırıp kuşbaşı iriliğinde doğrayalım. Bir kaba unu alarak içine tuzu, karabiberi, köriyi ekleyip karıştıralım. Etlerin üzerine unu serpip karıştırarak etlerin dış yüzeyinin unlanmasını sağlayalım. Etleri süzgece alıp ileri geri sallayarak unun fazlasını silkelim. Tavaya sıvı yağı alıp kızdıralım. Etleri ekleyip ara sıra karıştırarak etler hafifçe pembeleşene dek kavuralım. Etleri delikli kepçe ile servis tabağına alalım. Arzuya göre haşlanmış patatesleri dilimleyerek üzerine tuz serpip krema gezdirelim ve etlerle birlikte servis yapalım.

Göğüs eti haşlandıktan sonra defne yapraklarını tencereden çıkarın.

FIRINDA SEBZELİ BUT

MALZEMELER
4 tavuk budu
3 orta boy patates
2 orta boy patlıcan
2 orta boy domates
1/4 limon suyu
4-5 sivribiber
1 su bardağı sıvı yağ
3-4 diş sarmısak
tuz, karabiber
★★ 4-5 kişilik

HAZIRLANIŞI
Tavuk butlarını birkaç su yıkayarak bir tencereye yerleştirelim, üzerlerini hafifçe aşacak kadar sıcak su, limon suyu ve tuz ilave edip ağır ateşte butlar yumuşayana dek haşlayalım. Patatesleri soyup yuvarlak dilimleyerek kızdırılmış sıvı yağda hafifçe kızartalım. Patlıcanları alacalı soyup kalın yuvarlak dilimler halinde keserek tuzlu suda 1/2 saat bekletelim. Yıkayıp kuruladıktan sonra kızdırılmış sıvı yağda hafifçe kızartalım. Fırın kabına patates dilimlerini dizelim, üzerine hafifçe kızarttığımız sivribiberleri dizelim, üzerine patlıcan dilimlerini dizelim, üzerine butları koyalım, aralarındaki boşluklara domates dilimlerini yerleştirelim. Üzerine dilimlenmiş sarmısakları, tuzu, karabiberi ve 1-1,5 su bardağı tavuk suyunu veya suyu ekleyip fırın kabının üzerini alüminyum folyo ile kapatalım. Isıtılmış 220° ısılı fırında etler ve sebzeler yumuşayana dek 15-20 dk. pişirerek servis yapalım.

BEĞENDİLİ PİLİÇ BUDU

MALZEMELER
4 piliç budu
1 orta boy havuç
1 orta boy soğan
8-10 tane karabiber
tuz
1/4 limon suyu
1/2 çay bardağı sıvı yağ
Beğendisi için
4 iri boy patlıcan (çekirdeksiz)
1 kahve fincanı un
2 su bardağı süt
75 gr. kaşar rendesi
1/2 çay bardağı sıvı yağ
tuz
★ 4-5 kişilik

HAZIRLANIŞI
Tavuk butlarını birkaç su yıkayarak tencereye alalım. Üzerlerini hafifçe aşacak kadar sıcak suyu, 4'e kesilmiş 1 soğanı, iri doğranmış havucu, tuzu, tane karabiberleri ve limon suyunu ilave ederek ağır ateşte butlar yumuşayana dek haşlayalım. Bu arada beğendiyi hazırlayalım. Patlıcanları çatalla 4-5 yerinden delerek ocak ateşinde sık sık çevirelim, iç kısmı yumuşayana dek közleyelim. Sonra kabuklarını soyup çok ince bir şekilde kıyalım. Bir tencereye sıvı yağı alalım, unu ekleyip hafifçe sararana dek sürekli karıştırarak kavuralım. Patlıcanları, tuzu ve sıcak sütü azar azar ve karıştırmaya ara vermeden ekleyerek ağır ateşte sos koyulaşana dek karıştırıp pişirelim. Kaşar rendesini de ekleyip bir kez karıştırarak beğendiyi ateşten alalım ve kapaklı bir şekilde bekletelim. Haşlanan butların suyunu iyice süzerek kızdırılmış sıvı yağda arkalı önlü kızartalım. Beğendiyi butların yanına alıp servis yapalım.

FIRINDA TAVUK BUDU

MALZEMELER

4 tavuk budu
6 orta boy patates
1 çorba kaşığı salça
1/2 çay bardağı sıvı yağ
4-5 diş sarmısak
tuz

★ **4-5 kişilik**

HAZIRLANIŞI

Patatesleri soyup kalın yuvarlak dilimler halinde keserek bir kaba alalım. İçine tuzu ve sıvı yağı ekleyip karıştıralım. Tavuk butlarını fırın kabına yerleştirelim. Kenarlarda kalan boşluklara patates dilimlerini hafifçe üst üste gelecek şekilde sırt sırta dizelim. Üzerlerine dilimlenmiş sarmısakları serpelim. Isıtılmış 220° ısılı fırında butların ve patateslerin üzeri hafifçe pembeleşene dek pişirelim. Salçayı 1,5-2 su bardağı sıcak su ile ezerek inceltip fırın kabına boşaltalım ve üzerini alüminyum folyo ile kapatalım. Butları ve patatesleri ikinci kez fırında 15-20 dk. daha pişirerek servis yapalım.

İkinci pişme esnasında haşlanmış bezelye de ilave edebilirsiniz

DOMATES SOSLU, BİBERLİ HİNDİ RULOSU

MALZEMELER

5 adet hindi veya tavuk bifteği

5 salçalık kırmızıbiber

1/2 çay bardağı sıvı yağ

tuz, karabiber

<u>Domates sosu için</u>

2 orta boy domates

4 orta boy soğan

1/2 çorba kaşığı şeker

1/2 çay bardağı sıvı yağ

tuz

★★ **4-5 kişilik**

HAZIRLANIŞI

Hindi bifteklerini döverek biraz inceltip arkalı önlü tuz ve karabiber serpelim. Tavaya sıvı yağı alalım. Piyaz doğranmış soğanları, tuzu ve şekeri ekleyerek soğanlar pembeleşene dek kavurup ateşten alalım. Biberleri közleyerek veya haşlayarak yarıdan kesip çekirdek yataklarını çıkardıktan sonra kabuklarını soyalım. Bifteklerin üzerlerine bir biber dilimi yayıp üzerine sotelenmiş soğanların yarısını yayalım. Biftekleri rulo yaparak saralım. Temiz bir ip yardımı ile biftek rulolarını bağlayalım, kızdırılmış sıvı yağda ve ağır ateşte arkalı önlü sık sık çevirerek biftekler hafifçe renk alana dek kızartalım. Bu arada sosu hazırlayalım. Bir tavaya sıvı yağı alalım. Tavla zarı iriliğinde doğranmış domatesleri ekleyerek suyu çekilene dek 2-3 dk. kavuralım. Kalan sotelenmiş soğanları ekleyip 1/2 dk. daha kavurarak sosu ateşten alıp fırın kabına yayalım. Üzerine biftek rulolarını yerleştirelim. Fırın kabının üzerini alüminyum folyo ile kapatarak ısıtılmış 220° ısılı fırında biftek ruloları yumuşayana dek 15-20 dk. pişirip fırından alalım ve domatesli sos ile birlikte servis yapalım.

KÖFTELİ HİNDİ BOHÇASI

MALZEMELER

5 dilim hindi veya tavuk bifteği
150 gr. hindi veya tavuk kıyması
1 orta boy soğan
1 orta boy domates
1/2 demet dereotu
3 çorba kaşığı sıvı yağ (kıymalı harç için)
5 dilim kaşar
1/2 su bardağı sıvı yağ
tuz, karabiber
★★ **4-5 kişilik**

HAZIRLANIŞI

Hindi bifteklerini döverek biraz inceltip arkalı önlü tuz ve karabiber serpelim. Tavaya sıvı yağı alalım, küp doğranmış soğanı ve hindi kıymasını ekleyip kıymanın suyu çekilene dek kavuralım. Rendelenmiş domatesi, tuzu, karabiberi, kıyılmış dereotunu ekleyip 2-3 dk. daha domatesin suyu çekilene dek kavurmaya devam edelim. Kıymalı harcı bifteklerin ortalarına paylaştırarak karşılıklı kenarlarını bohça kapatır gibi kapatalım ve kürdan yardımı ile kenarlarını teğel yapar gibi tutturarak sabitleyelim. Biftek bohçalarını kızdırılmış sıvı yağda ve ağır ateşte sık sık çevirerek biftekler hafifçe renk alana dek arkalı önlü kızartalım. Bohçaları delikli kepçe ile alıp fırın kabına yerleştirelim, üzerlerine birer kaşar dilimi

yerleştirerek fırının üst rafında kaşarlar eriyene dek ikinci kez pişirelim. Biftek bohçalarını arzuya göre domates sosu ile servis yapalım.

HARDALLI SEBZELİ HİNDİ BOHÇASI

MALZEMELER

5 dilim hindi veya tavuk bifteği
1 orta boy havuç (haşlanmış)
1 orta boy patates (haşlanmış)
100 gr. bezelye (haşlanmış)
2 çorba kaşığı sıvı yağ (hardal için)
2 tatlı kaşığı hardal
1/2 su bardağı sıvı yağ
tuz, karabiber
<u>*Sosu için*</u>
1 orta boy soğan
4 çorba kaşığı sıvı yağ
1 çorba kaşığı salça
1-1,5 su bardağı su
tuz, karabiber
★ **4-5 kişilik**

HAZIRLANIŞI

Hindi bifteklerini döverek biraz inceltip arkalı önlü tuz ve karabiber serpelim. Haşlanmış patates ve havuçları tavla zarı iriliğinde doğrayalım. İçine haşlanmış bezelyeleri, tuzu ve karabiberi ekleyerek karıştıralım. Hindi bifteklerinin üzerine sıvı yağ ile incelttiğimiz hardalı sürelim. Sebzeli harcı bifteklerin ortalarına paylaştırarak karşılıklı kenarlarını bohça kapatır gibi kapatalım ve kürdan yardımı ile kenarları teğel yapar gibi tutturarak sabitleyelim. Biftek bohçalarını kızdırılmış sıvı yağda ve ağır ateşte sık sık çevirerek, biftekler hafifçe renk alana dek arkalı önlü kızartalım. Biftek bohçalarını delikli kepçe ile alıp yayvan bir tencereye dizelim. Bir tavaya sıvı yağı alıp küp doğranmış soğanı ekleyerek pembeleşene dek kavuralım. Salçayı ekleyip 1/2 dk. daha kavurmaya devam edelim. Tuzu, karabiberi, sıcak suyu ekleyip bir taşım kaynatarak sosu biftek bohçalarının üzerine gezdirelim. Biftek bohçalarını ağır ateşte 15-20 dk. daha pişirerek sosu ile birlikte servis yapalım.

PAKETTE ISPANAK PÜRELI HINDI BOHÇASI

MALZEMELER
5 dilim hindi veya tavuk bifteği
1 çay bardağı pirinç
1/2 demet dereotu
3 çorba kaşığı sıvı yağ (pirinç için)
2 çorba kaşığı sıvı yağ
tuz, karabiber
Ispanak püresi için
1/2 kg. ıspanak (yapraklı kısımları)
1 orta boy soğan
4 çorba kaşığı sıvı yağ
1 kahve fincanı süt
1-2 diş sarmısak
tuz, karabiber
★★ **4-5 kişilik**

HAZIRLANIŞI
Hindi bifteklerini döverek biraz inceltip arkalı önlü tuz ve karabiber serpelim. Alüminyum folyoyu 20-25 cm. kenarlı beş adet kare olacak şekilde keselim. Folyoların üzerini fırça yardımı ile hafifçe yağlayalım. Üzerlerine hindi bifteklerini yayalım. Bifteklerin üzerini fırça yardımı ile yağlayalım. Pirinçleri tencereye alıp içine 2 çay bardağı sıcak su ve sıvı yağ ekleyerek pirinçler suyunu çekene dek haşlayalım. İçine kıyılmış dereotunu, tuzu, karabiberi ekleyip karıştıralım. Bifteklerin yarısına pirinçli harçtan bir miktar yayıp diğer yarısını üzerine kapatalım. Folyoları da yarıdan katlayıp kenarlarını 2 kez kıvırarak kapatalım. Biftek paketlerini fırın kabına dizip ısıtılmış 220° ısılı fırında 35-40 dk. pişirelim. Bu arada ıspanak püresini hazırlayalım. Ispanak yapraklarını yıkayıp bir tencereye alalım. Su ilave etmeden ıspanaklar pörsüyene dek kendi ıslaklıkları ile haşlayalım, süzgece alıp suyunu iyice süzelim. Tavaya sıvı yağı alıp küp doğranmış soğanı ekleyerek pembeleşene dek kavuralım. Doğranmış ıspanakları, dövülmüş sarmısakları, sütü, tuzu ve karabiberi ekleyip karıştırarak 2-3 dk. pişirelim. Biftek paketlerini fırından alıp ortalarını keserek yanında ıspanak püresi ile servis yapalım.

ISPANAKLI MANTARLI HINDI BOHÇASI

MALZEMELER
5 dilim hindi veya tavuk bifteği
100 gr. ıspanak (yapraklı kısımları)
100 gr. mantar
1-2 dal taze soğan
2-3 diş sarmısak
1 çorba kaşığı krema (50 gr.)
2 çorba kaşığı sıvı yağ
tuz, karabiber
★ **4-5 kişilik**

HAZIRLANIŞI
Hindi bifteklerini döverek biraz inceltip arkalı önlü tuz ve karabiber serpelim. Alüminyum folyoyu 20-25 cm. kenarlı 5 adet kare olacak şekilde keselim. Folyoların üzerini fırça yardımı ile hafifçe yağlayarak üzerlerine hindi bifteklerini yayalım. Yıkayıp suyunu iyice süzdüğümüz ıspanak yapraklarını, mantarları, soğanları ve sarmısakları blendır veya robot yardımı ile incelterek içine tuzu, karabiberi, kremayı ekleyip karıştıralım. Bifteklerin yarısına ıspanaklı, mantarlı harçtan yayıp bifteğin diğer yarısını üzerine kapatalım. Folyoları yarıdan katlayıp kenarlarını iki kez kıvırarak kapatalım. Biftek paketlerini fırın kabına dizip ısıtılmış 220° ısılı fırında 35-40 dk. pişirelim. Biftek paketlerini fırından alıp ortalarını keserek servis yapalım.

Brokolili Hindi Bifteği Bohçası

MALZEMELER

5 dilim hindi veya tavuk bifteği
100 gr. brokoli (taze veya dondurulmuş)
1 çorba kaşığı krema
3 çorba kaşığı sıvı yağ (brokolili harç için)
1 orta boy soğan
5 dilim kaşar
1/2 su bardağı sıvı yağ
tuz, karabiber

★ **4-5 kişilik**

HAZIRLANIŞI

Hindi bifteklerini döverek biraz inceltip arkalı önlü tuz ve karabiber serpelim. Tavaya sıvı yağı alalım. Küp doğranmış soğanı ekleyerek pembeleşene dek kavuralım. Küçük doğranmış brokolileri ekleyip 2-3 dk. daha diriliklerini kaybedene dek kavurmaya devam edelim. Tuzu, karabiberi, kremayı ekleyip birkaç kez çevirerek ateşten alalım. Brokolili harcı bifteklerin ortalarına paylaştırarak karşılıklı kenarlarını bohça kapatır gibi kapatalım ve kürdan yardımı ile kenarlarını teğel yapar gibi tutturup sabitleyelim. Biftek bohçalarını kızdırılmış sıvı yağda ve ağır ateşte sık sık çevirerek biftekler hafifçe renk alana dek arkalı önlü kızartalım. Biftek bohçalarını delikli kepçe ile alıp fırın kabına yerleştirelim. Üzerlerine birer kaşar dilimi yerleştirerek fırının üst rafında kaşarlar eriyene dek ikinci kez pişirelim. Biftek rulolarını arzuya göre domates sosu ile servis yapalım.

sarmısakları ekleyip 2-3 dk. suyu çekilene dek pişirelim. 1/2 çay bardağı suyu, tuzu, ketçabı, sıvı yağı ekleyip 1/2 dk. daha pişirerek sosu servis tabağına alalım. Üzerine biftek bohçalarını yerleştirip servis yapalım.

ELMA SOSLU HİNDİ BOHÇASI

MALZEMELER

5 dilim hindi veya tavuk bifteği
250 gr. mantar
2-3 dal taze soğan
1-2 sivribiber
1 orta boy domates
4 çorba kaşığı sıvı yağ (mantarlı harç için)
1/2 su bardağı sıvı yağ
5 dilim kaşar
tuz, karabiber
Elmalı sos için
2 orta boy ekşi elma
1 orta boy domates
2-3 diş sarmısak
1 çorba kaşığı ketçap
3 çorba kaşığı sıvı yağ
★★ **4-5 kişilik**

HAZIRLANIŞI

Hindi bifteklerini döverek biraz inceltip arkalı önlü tuz ve karabiber serpelim. Tavaya sıvı yağı alalım. İnce uzun dilimlenmiş mantarları ekleyerek suyunu bırakıp çekene dek kavuralım. Küçük doğranmış soğanı, sivribiberleri, tavla zarı iriliğinde doğranmış domatesleri, tuzu ve karabiberi ekleyerek domatesin suyu çekilene dek 2-3 dk. daha kavurmaya devam edelim. Mantarlı harcı bifteklerin ortalarına paylaştırarak karşılıklı kenarlarını bohça kapatır gibi kapatalım ve kürdan yardımı ile kenarlarını teğel yapar gibi tutturarak sabitleyelim. Biftek bohçalarını kızdırılmış sıvı yağda ve ağır ateşte sık sık çevirerek biftekler hafifçe renk alana dek arkalı önlü kızartalım. Bohçaları delikli kepçe ile alıp fırın kabına yerleştirelim. Üzerlerine birer kaşar dilimi yerleştirerek fırının üst rafında kaşarlar eriyene dek ikinci kez pişirelim. Bu arada sosu hazırlayalım. Tencereye kabuklarını soyup rendelediğimiz elmaları ve domatesi, dövülmüş

SEBZELİ HİNDİ BİFTEĞİ BOHÇASI

MALZEMELER

5 dilim hindi veya tavuk bifteği
1/2 orta boy kabak
1/2 orta boy havuç
100 gr. mantar
1/2 demet maydanoz
2-3 diş sarmısak
1/2 çay bardağı sıvı yağ
tuz, karabiber
★ **4-5 kişilik**

HAZIRLANIŞI

Hindi bifteklerini döverek biraz inceltip arkalı önlü tuz ve karabiber serpelim. Alüminyum folyoyu 20-25 cm. kenarlı 5 adet kare olacak şekilde keselim. Folyoların üzerini fırça yardımıyla hafifçe yağlayarak üzerine hindi bifteklerini yayalım. Tavaya sıvı yağı alalım, rendelenmiş havucu ekleyip 1-2 dk. karıştırarak kavuralım. Rendelenmiş kabağı ekleyip 2-3 dk. daha karıştırarak kavurmaya devam edelim. İnce uzun dilimlenmiş mantarları, tuzu, karabiberi, dövülmüş sarmısakları, kıyılmış maydanozu ekleyerek mantarlar suyunu bırakıp çekene dek kavurup ateşten alalım. Bifteklerin yarısına sebzeli harcı yayıp bifteğin diğer yarısını üzerine kapatalım. Folyoları yarıdan katlayıp kenarlarını 2 kez kıvırarak kapatalım. Paketleri fırın kabına dizip ısıtılmış 220° ısılı fırında 35-40 dk. pişirelim. Paketleri fırından çıkartıp ortalarını keserek servis tabaklarına alalım ve servis yapalım.

SEBZELİ TAVUK GÖĞSÜ SARMASI

MALZEMELER

2 tavuk göğsü (kemiksiz)
1 orta boy havuç
1 orta boy kabak
7-8 tazefasulye
2-3 sivribiber
tuz, karabiber
1 su bardağı sıvı yağ

★★ **5-6 kişilik**

HAZIRLANIŞI

Kemiksiz tavuk göğüslerinin iç kısımlarından birer dilim kesip çıkararak göğüs etini inceltelim ve arkalı önlü tuz, karabiber serpelim. Kızdırılmış sıvı yağda tavla zarı iriliğinde doğranmış havuçları hafifçe yumuşayana dek kızartıp delikli kepçe ile alalım. Kabakları fındık iriliğinde doğrayarak aynı yağda hafifçe yumuşayana dek kızartıp delikli kepçe ile alalım. Fasulyeleri ince uzun şeritler halinde doğrayarak aynı yağda hafifçe yumuşayana dek kızartıp delikli kepçe ile alalım. Biberleri dilimleyerek aynı yağda hafifçe yumuşayana dek kızartıp delikli kepçe ile alalım. Sebzeleri bir kapta birleştirip tuz ve karabiber serperek karıştıralım. Tavuk göğüslerinin bir kenarlarına sebzeli harcı yayarak göğüs etlerinin boş kenarlarını üzerine kapatalım. Kenarlarını kürdanla teğeller gibi tutturalım. Fırın torbasına bir tatlı kaşığı un koyup torbayı çalkalayarak unun fazlasını silkeleyelim. Göğüs etlerini fırın torbasına yerleştirip ağız kısmını kendi teli ile kapatarak torbanın üzerine bıçak ucu ile bir delik açalım ve fırın kabına yatık bir şekilde yerleştirelim. Isıtılmış 200° ısılı fırında göğüs etleri yumuşayana dek pişirerek göğüs etlerinin üzerindeki kürdanları çıkarıp dilimleyelim ve servis yapalım.

MANTARLI TAVUK GÖĞSÜ SARMASI

MALZEMELER

2 tavuk göğsü (kemiksiz)
4 çorba kaşığı sıvı yağ (sebzeler için)
1 orta boy soğan
1-2 sivribiber
350 gr. mantar
1 küçük boy domates
1/2 su bardağı sıvı yağ
tuz, karabiber

★ **5-6 kişilik**

HAZIRLANIŞI

Kemiksiz tavuk göğüslerinin iç kısmından birer dilim kesip çıkararak göğüs etini inceltelim. Arkalı önlü tuz ve karabiber serpelim. Tavaya sıvı yağı alalım. Küp doğranmış soğanı ekleyip pembeleşene dek kavuralım. İnce uzun dilimlenmiş mantarları ekleyelim ve suyunu bırakıp çekene dek kavurmaya devam edelim. Küçük doğranmış sivribiberleri ve tavla zarı iriliğinde doğranmış domatesi, tuzu ve karabiberi ekleyerek 2-3 dk. daha domatesin suyu çekilene dek kavuralım. Tavuk göğüslerinin bir kenarına mantarlı harcı yayalım. Göğüs etinin boş kenarını üzerine kapatalım. Kenarlarını kürdanla teğeller gibi tutturalım. Göğüs etini kızgın sıvı yağda ve ağır ateşte sık sık çevirerek üzerleri altın sarısı renk alana dek arkalı önlü kızartalım. Göğüs etinin üzerindeki kürdanları çıkarıp dilimleyerek servis yapalım.

GÖKKUŞAĞI
TAVUK GÖĞSÜ SARMASI

MALZEMELER

2 tavuk göğsü (kemiksiz)
1 orta boy soğan
1/2 kg. ıspanak (yapraklı kısımları)
2 orta boy havuç (haşlanmış)
4 çorba kaşığı sıvı yağ (ıspanaklar için)
1/2 su bardağı sıvı yağ
tuz, karabiber

★ 5-6 kişilik

HAZIRLANIŞI

Kemiksiz tavuk göğüslerinin iç kısımlarından birer dilim kesip çıkararak göğüs etini inceltelim ve arkalı önlü tuz, karabiber serpelim. Tavaya sıvı yağı alalım.

Küp doğranmış soğanı ekleyerek pembeleşene dek kavuralım. Yıkayıp suyunu iyice süzdüğümüz ıspanak yapraklarını doğrayarak ekleyelim. Ispanaklar pörsüyene dek kavurarak tuz ve karabiber ekleyip ateşten alalım. Tavuk göğüslerinin iç kısmına ıspanaklı harcı yayarak göğüs etinin bir kenarına haşlanmış havuçu yerleştirip diğer kenarını üzerine kapatalım. Kenarlarını kürdanla teğeller gibi tutturalım. Göğüs etini kızgın sıvı yağda ve ağır ateşte arkalı önlü sık sık çevirerek üzerleri altın sarısı renk alana dek kızartalım. Göğüs etinin üzerindeki kürdanları çıkarıp dilimleyerek servis yapalım.

KERNEK USULÜ TAVUK GOĞSÜ SARMASI

MALZEMELER

2 tavuk göğsü (kemiksiz)

8–10 kuru kayısı

50 gr. ceviz içi (iri dövülmüş)

200 gr. bezelye (haşlanmış)

1/2 çorba kaşığı salça

3 çorba kaşığı sıvı yağ

tuz, karabiber

★ **5-6 kişilik**

HAZIRLANIŞI

Kemiksiz tavuk göğüslerinin iç kısımlarından birer dilim kesip çıkararak göğüs etini inceltelim ve arkalı önlü tuz ve karabiber serpelim. Kayısıları tavla zarı iriliğinde doğrayalım. İçine iri dövülmüş cevizi, haşlanmış bezelyeleri, tuzu ve karabiberi ekleyip karıştıralım. Tavuk göğüslerinin iç kısmını fırça yardımıyla yağlayarak bir kenarlarına kayısılı harcı yayalım. Boş kenarını üzerine kapatarak kenarlarını kürdanla teğeller gibi tutturalım ve hafifçe yağlanmış fırın kabına yerleştirelim. Salçayı kalan sıvı yağ ile inceltip ruloların üzerine sürelim. Isıtılmış 200° ısılı fırında üzerleri kızarana dek pişirerek fırından alalım. Göğüs etlerinin üzerindeki kürdanları çıkarıp dilimleyerek servis yapalım.

> 2ooo yılında Malatya'da yapılan yöresel yemek yarışmasında dereceye giren yemeğin tarifidir.

FIRINDA SEBZELİ TAVUK GÖĞSÜ

MALZEMELER

2 tavuk göğsü (kemiksiz)
1 orta boy havuç
1 küçük boy kabak
100 gr. tazefasulye
2 salçalık kırmızıbiber
1/2 demet maydanoz
75 gr. kaşar rendesi
1/2 su bardağı sıvı yağ
tuz, karabiber

★ 5-6 kişilik

HAZIRLANIŞI

Kemiksiz tavuk göğüslerine tuz ve karabiber serperek kızdırılmış sıvı yağda ve ağır ateşte arkalı önlü sık sık çevirerek altın sarısı renk alana dek kızartalım. Göğüs etlerini margarinle yağlanmış fırın kabına yerleştirelim. Kabağı ve havucu soyup boylamasına 2'ye keselim. Kırmızıbiberi yarıdan keselim. Çekirdek yataklarını çıkaralım. Sebzeleri bir tencereye alalım. İçine ayıklanmış fasulyeleri ilave edelim. Sebzelerin üzirini hafifçe aşacak kadar sıcak su ve 1 tatlı kaşığı tuz ekleyerek sebzeler yumuşayana dek haşlayıp delikli kepçe ile çıkaralım. Kabağı, fasulyeleri, kırmızıbiberi, havucu kibrit çöpü inceliğinde doğrayalım. İçine kıyılmış maydanozu, tuzu ve karabiberi ekleyerek karıştıralım. Sebzeli harcı göğüs etlerinin üzerine yayıp kaşar rendesi serpelim. Isıtılmış 200° ısılı fırının üst rafında kaşarlar eriyip üzeri hafifçe pembeleşene dek pişirerek servis yapalım.

Mantarlı Tavuk Göğsü

MALZEMELER

2 tavuk göğsü (kemiksiz ve haşlanmış)

Mantar sosu için

1 orta boy soğan

350 gr. mantar

2-3 sivribiber

1 orta boy domates

4 çorba kaşığı sıvı yağ

2 çorba kaşığı galeta unu

75 gr. kaşar rendesi

tuz, karabiber

★ **5-6 kişilik**

HAZIRLANIŞI

Kemiksiz ve haşlanmış tavuk göğüslerine tuz ve karabiber serpelim. Mantarlı sosu hazırlayalım. Bir tavaya sıvı yağı alalım. Küp doğranmış soğanı ekleyerek pembeleşene dek kavuralım. İnce uzun dilimlenmiş mantarları ekleyerek suyunu bırakıp çekene dek kavurmaya devam edelim. Tavla zarı iriliğinde doğranmış domatesi, doğranmış sivribiberleri, tuzu ve karabiberi ekleyerek 2-3 dk. daha kavuralım. Galeta ununu ekleyip karıştırarak ateşten alalım. Göğüs etlerini margarinle yağlanmış fırın kabına yerleştirelim. Mantarlı harcı göğüs etlerinin üzerine yayıp kaşar rendesi serpelim. Isıtılmış 200° ısılı fırının üst rafında kaşar eriyip üzeri hafifçe pembeleşene dek pişirerek servis yapalım.

Mantar Soslu Tavuk Göğsü

MALZEMELER

2 tavuk göğsü (kemiksiz)

1/2 su bardağı sıvı yağ

Mantar sosu için

350 gr. mantar

1 orta boy soğan

1 su bardağı süt

1 çorba kaşığı nişasta

4 çorba kaşığı sıvı yağ

75 gr. kaşar rendesi

tuz, karabiber

★ **5-6 kişilik**

HAZIRLANIŞI

Kemiksiz tavuk göğüslerine tuz ve karabiber serperek kızdırılmış sıvı yağda ve ağır ateşte arkalı önlü sık sık çevirerek altın sarısı renk alana dek kızartalım. Mantarlı sosu hazırlayalım. Bir tavaya sıvı yağı alalım, küp doğranmış soğanı ekleyerek pembeleşene dek kavuralım. İnce uzun dilimlenmiş mantarları, tuzu, karabiberi ekleyerek mantarlar suyunu çekene dek kavuralım. Mısır nişastasını süt ile inceltip sürekli karıştırarak ilave edelim. Karıştırmaya ara vermeden 1-2 dk. daha pişirelim. Göğüs etlerini margarinle yağlanmış fırın kabına yerleştirelim. Mantarlı sosu göğüs etlerinin üzerine yayıp kaşar rendesi serpelim. Isıtılmış 200° ısılı fırının üst rafında kaşarlar eriyip üzeri hafifçe pembeleşene dek pişirerek servis yapalım.

3 orta boy soğan
75 gr. kaşar rendesi
2 çorba kaşığı krema (75 gr.)
7-8 tane karabiber
1 limon kabuğu rendesi
tuz
★ **5-6 kişilik**

HAZIRLANIŞI

Kemiksiz tavuk göğüslerine tuz ve karabiber serperek kızdırılmış sıvı yağda ve ağır ateşte, arkalı önlü sık sık çevirerek altın sarısı renk alana dek kızartalım. Limonlu sosu hazırlayalım. Bir tavaya tereyağını alıp eritelim. Küp doğranmış soğanı ekleyerek pembeleşene dek kavuralım. Limon kabuğu rendesini de ekleyerek 1/2 dk. daha kavurmaya devam edelim. Tuzu, tane karabiberleri ve kremayı ekleyip bir taşım kaynatarak sosu ateşten alalım. Göğüs etlerini margarinle yağlanmış fırın kabına yerleştirelim. Limonlu sosu göğüs etlerinin üzerine yayıp kaşar rendesi serpelim. Isıtılmış 200° ısılı fırının üst rafında kaşarlar eriyip üzeri hafifçe pembeleşene dek pişirerek servis yapalım.

ṬERBİYELİ ṢNİTZEL

MALZEMELER

750 gr. tavuk bifteği
1/2 su bardağı sıvı yağ
2 yumurta
5-6 çorba kaşığı un
5-6 çorba kaşığı galeta unu
tuz, karabiber
Terbiyesi (marinatı) için
1,5 çay bardağı süt
1/2 kahve fincanı sıvı yağ
1 tatlı kaşığı bal
★ **4-5 kişilik**

HAZIRLANIŞI

Bir kabın içine sütü, sıvı yağı, balı alıp karıştıralım. Tavuk biftekleri terbiyeye yatırarak buzdolabında 4-5 saat bekletelim. Unun içine tuz ve karabiber ekleyerek karıştıralım. Biftekleri terbiyeden çıkarıp önce una, sonra çırpılmış yumurtaya, sonra galeta ununa batırıp çıkartarak kızdırılmış sıvı yağda ve hafif ateşte arkalı önlü biftekler altın sarısı renk alana dek kızartalım. Kâğıt mutfak havlusu üzerine alalım ve servis yapalım.

ṢÜRPRİZLİ ṢNİTZEL

MALZEMELER

750 gr. tavuk bifteği
1/2 demet kereviz veya maydanoz yaprağı
1/4 limon suyu
2 yumurta
75 gr. kaşar rendesi
5-6 çorba kaşığı galeta unu
1/2 su bardağı sıvı yağ
tuz, karabiber
★ **4-5 kişilik**

HAZIRLANIŞI

Tavuk bifteklerine fırça yardımıyla arkalı önlü limon suyu sürerek tuz ve karabiber serpelim. Kereviz yapraklarını veya maydanoz yapraklarını ince kıyarak içine kaşar rendesini ve yumurtaları ekleyip karıştıralım. Piliç bifteklerini karışıma arkalı önlü bulayalım, sonra galeta ununa batırıp çıkararak kızdırılmış sıvı yağda ve hafif ateşte biftekler altın sarısı renk alana dek kızartalım. Kâğıt mutfak havlusu üzerine alalım ve servis yapalım.

ḶİMON ṢOSLU ṬAVUK ĠÖĞSÜ

MALZEMELER

2 tavuk göğsü (kemiksiz)
1/2 su bardağı sıvı yağ
Limonlu sos için
1 çorba kaşığı tereyağı veya margarin (30 gr.)

ŞNİTZEL

MALZEMELER

750 gr. tavuk bifteği
1/2 su bardağı sıvı yağ
2 yumurta
1/4 limon suyu
5-6 çorba kaşığı un
5-6 çorba kaşığı galeta unu
tuz, karabiber
(arzuya göre) Kabak püresi için
3 orta boy kabak
2 çorba kaşığı mayonez
2 çorba kaşığı süzme yoğurt
2-3 diş sarmısak
1/2 demet dereotu
tuz
★ **4-5 kişilik**

HAZIRLANIŞI

Tavuk bifteklerine fırça yardımıyla arkalı önlü limon suyu sürerek tuz ve karabiber serpelim. Biftekleri önce una, sonra çırpılmış yumurtaya, sonra galeta ununa batırıp çıkararak kızdırılmış sıvı yağda ve hafif ateşte arkalı önlü biftekler altın sarısı renk alana dek kızartalım ve kâğıt mutfak havlusu üzerine alalım. Bu arada arzuya göre püreyi hazırlayalım. Kabakları tavla zarı iriliğinde doğrayarak bir tencereye alalım. 1/2 çay bardağı su ekleyerek kabaklar yumuşayana dek haşlayıp süzgece alalım, suyunu iyice süzelim. Kabakları ezerek içine dövülmüş sarmısakları, süzme yoğurdu, mayonezi ve tuzu ilave edip karıştıralım ve üzerine dereotu serperek şnitzelle birlikte servis yapalım.

ÇITIR PİLİÇ BİFTEĞİ

MALZEMELER

750 gr. piliç bifteği
1 büyük paket baharatlı mısır cipsi (büyük paket)
1 paket krema (200 gr.)
tuz
★ **4-5 kişilik**

HAZIRLANIŞI

Mısır cipsini paketinden çıkarmadan ezerek inceltelim. Piliç bifteklerini arkalı önlü tuz serperek önce kremaya, ardından mısır cipsine arkalı önlü batırıp çıkararak margarinle yağlanmış fırın kabına dizelim. Isıtılmış 200° ısılı fırında bifteklerin altı üstü kızarana dek pişirerek servis yapalım.

ROKA SOSLU KREMALI PİLİÇ BİFTEĞİ

MALZEMELER

750 gr. piliç bifteği
5-6 çorba kaşığı un
1/4 limon suyu
1/2 su bardağı sıvı yağ
tuz, karabiber, kekik
<u>Mantarlı sos için</u>
350 gr. mantar
4 çorba kaşığı sıvı yağ
1-2 dal roka yaprağı
2 kıvırcık marul yaprağı
tuz
<u>(arzuya göre) Garnitür için</u>
5 orta boy patates (haşlanmış)
1 su bardağı şalgam suyu
<u>Kremalı sos için:</u>
2 çorba kaşığı limon suyu
1 çorba kaşığı sirke
3 çorba kaşığı krema (75 gr.)
1/2 demet maydanoz
tuz, karabiber

★ 4-5 kişilik

HAZIRLANIŞI

Tavuk bifteklerine fırça yardımıyla arkalı önlü limon suyu sürerek tuz, karabiber ve kekik serpelim. Biftekleri arkalı önlü una batırıp çıkararak kızdırılmış sıvı yağda ve hafif ateşte biftekler altın sarısı renk alana dek kızartıp kâğıt mutfak havlusu üzerine alalım. Bu arada kremalı sosu hazırlayalım. Tavaya limon suyunu, sirkeyi, kremayı, kıyılmış maydanozu, tuzu ve karabiberi ekleyip 2-3 dk. karıştırarak pişirip ateşten alalım. Mantarlı sosu hazırlayalım. Bir tavaya sıvı yağı alalım. İnce uzun dilimlenmiş mantarları ekleyerek suyunu bırakıp çekene dek kavuralım. Roka ve marul yapraklarını ince şeritler halinde doğrayıp ekleyerek 1/2 dk. daha kavurmaya devam edelim. Arzuya göre haşlanmış patatesleri dilimleyip renk ve lezzet kazanması için şalgam suyunda 10-15 dk. bekletelim. Servis tabağına mantarlı sosu yayalım, üzerine biftekleri yerleştirelim. Üzerine kremalı sosu gezdirelim. Renkli patates dilimleri ile servis yapalım.

FIRINDA SÜRPRİZLİ PİLİÇ BİFTEĞİ

MALZEMELER

750 gr. piliç bifteği
75 gr. kaşar rendesi
3 orta boy domates
1 demet maydanoz
75 gr. ceviz (iri dövülmüş)
1/2 su bardağı sıvı yağ
1/4 limon suyu
4-5 diş sarmısak
1 çay kaşığı köri
tuz, karabiber

★ 4-5 kişilik

HAZIRLANIŞI

Piliç bifteklerine fırça yardımıyla arkalı önlü limon suyu sürüp tuz, karabiber ve köri serpelim. Kızdırılmış sıvı yağda arkalı önlü hafifçe kızartalım. Bir kabın içine kıyılmış maydanozu, iri dövülmüş cevizi, dilimlenmiş sarmısakları ve tuzu ilave ederek karıştıralım. Domatesleri yuvarlak dilimleyerek fırın kabına dizelim, üzerine piliç bifteklerini yerleştirelim. Üzerlerine maydanozlu, cevizli harcı yayalım. Üzerlerine kaşar rendesi serperek ısıtılmış 200° ısılı fırında kaşarlar eriyip üzeri hafifçe pembeleşene dek pişirelim ve servis yapalım.

PARMAK PANE

MALZEMELER
1/2 kg. piliç bifteği
5-6 çorba kaşığı un
2 tavuk bulyon
tuz, karabiber
1/2 su bardağı sıvı yağ
(arzuya göre) Garnitür için
3 çorba kaşığı mısır konservesi
4-5 kornişon turşu
yeşil zeytin
1/2 demet maydanoz
2 dal taze soğan
3 çorba kaşığı mayonez
tuz

★ 4-5 kişilik

HAZIRLANIŞI

Piliç bifteklerini ince şeritler halinde (jülyen)
doğrayalım. Bir kaba unu alıp içine tavuk
bulyonu ufalayarak tuz ve karabiberi ekleyip
karıştıralım. Etleri una batırıp çıkararak
süzgece alalım, unun fazlasını silkelim. Etleri
kızdırılmış sıvı yağda altın sarısı renk alana dek
kızartarak delikli kepçe ile çıkarıp servis
tabağına alalım. Bu arada arzuya göre garnitürü
hazırlayalım. Bir kabın içine kornişon turşuyu,
yeşil zeytini, maydanozu ve taze soğanı ince
doğrayalım. Mısırları, tuzu ve mayonezi de
ekleyip karıştırarak etlerle birlikte servis
yapalım.

SUSAMLI PARMAK PANE

MALZEMELER
1/2 kg. piliç bifteği
1 yumurta
5-6 çorba kaşığı un
5-6 çorba kaşığı susam
3/4 su bardağı sıvı yağ
(arzuya göre) Garnitür için
5 orta boy patates
2 çorba kaşığı krema (75 gr.)
50 gr. kaşar rendesi
1/2 demet dereotu
tuz

★ 4-5 kişilik

HAZIRLANIŞI

Piliç bifteklerini ince şeritler halinde (jülyen)
doğrayalım. Bir kaba unu alıp içine tuz ve
karabiberi ekleyelim ve karıştıralım. Etleri
önce una, sonra çırpılmış yumurtaya, sonra
susama batırıp çıkararak kızdırılmış sıvı yağda
altın sarısı renk alana dek kızartalım, delikli
kepçe ile çıkaralım. Bu arada arzuya göre
garnitürü hazırlayalım. Bir kabın içine
haşlanmış patatesleri rendeleyelim. İçine
kremayı, kaşar rendesini, tuzu, kıyılmış
dereotunu ekleyip karıştırarak etlerle birlikte
servis yapalım.

HARDAL SOSLU PİLİÇ BİFTEĞİ

MALZEMELER

750 gr. tavuk bifteği

1/4 limon suyu

5-6 çorba kaşığı un

1/2 su bardağı sıvı yağ

5 orta boy haşlanmış patates

tuz, karabiber

Hardal sosu için

1,5 çorba kaşığı un

1,5 su bardağı süt

4 çorba kaşığı sıvı yağ

1 tatlı kaşığı hardal

1/2 demet maydanoz

tuz

★ **4-5 kişilik**

HAZIRLANIŞI

Tavuk bifteklerine fırça yardımıyla arkalı önlü limon suyu sürerek tuz ve karabiber serpelim. Biftekleri arkalı önlü una batırıp çıkararak kızdırılmış sıvı yağda ve hafif ateşte arkalı önlü biftekler altın sarısı renk alana dek kızartalım ve kâğıt mutfak havlusu üzerine alalım. Bu arada sosu hazırlayalım. Tavaya sıvı yağı alalım. Unu ekleyip hafifçe sararana dek sürekli karıştırarak kavuralım. Karıştırmaya ara vermeden sıcak sütü ve tuzu ekleyerek ağır ateşte sos koyulaşana dek pişirip ateşten alalım. İçine hardalı, kıyılmış maydanozu ekleyip karıştıralım. Haşlanmış patatesleri soyup kalın yuvarlak dilimler halinde keserek biftekleri kızarttığımız yağda hafifçe arkalı önlü kızartalım. Piliç bifteklerinin üzerine hardallı sosu gezdirip patates dilimleriyle servis yapalım.

LİMON SOSLU PİLİÇ BİFTEĞİ

MALZEMELER
750 gr. piliç bifteği
2 limon kabuğu rendesi
3/4 paket krema (150 gr.)
tuz, karabiber
★ **4-5 kişilik**

HAZIRLANIŞI
Tavaya rendelenmiş limon kabuğunu, kremayı, tuzu ve karabiberi ekleyip bir taşım kaynatalım. Piliç bifteklerini aralıksız olarak tavaya dizelim. Biftekleri arada bir ters yüz ederek ve kapaklı olarak arkalı önlü kızartıp servis yapalım.

FIRINDA MANTARLI PILIÇ BIFTEĞI

MALZEMELER

750 gr. piliç bifteği
1/2 kg. mantar
1 orta boy soğan
7-8 kaşar veya dilpeyniri dilimi
4-5 çorba kaşığı un
2 çorba kaşığı galeta unu
1 çay bardağı sıvı yağ
1/4 limon suyu
tuz, karabiber
★ 4-5 kişilik

HAZIRLANIŞI

Piliç bifteklerine fırça yardımıyla arkalı önlü limon suyu sürerek tuz ve karabiber serpelim. Tavaya sıvı yağın yarısını alıp kızdıralım. Biftekleri arkalı önlü una batırıp çıkararak hafif ateşte, biftekler altın sarısı renk alana dek arkalı önlü kızartalım. Biftekleri fırın kabına dizelim. Başka bir tavaya kalan sıvı yağı alalım. Küp doğranmış soğanları ekleyerek pembeleşene dek kavuralım. İnce uzun dilimlenmiş mantarları ekleyerek suyunu bırakıp çekene dek kavurmaya devam edelim. Tuzu, karabiberi, galeta ununu ekleyip karıştırarak ateşten alalım ve bifteklerin üzerine paylaştıralım. Üzerlerine birer kaşar dilimi yerleştirerek ısıtılmış 200° ısılı fırının üst rafında kaşarlar eriyip üzeri hafifçe pembeleşene dek pişirip servis yapalım.

PAKETTE PORTAKALLI, ELMALI HINDI BIFTEĞI

MALZEMELER

5 dilim hindi veya tavuk bifteği
1 orta boy portakal
1 orta boy elma
1 orta boy domates
3-4 sivribiber
4 çorba kaşığı sıvı yağ
tuz, karabiber
★ 4-5 kişilik

HAZIRLANIŞI

Hindi bifteklerini döverek biraz inceltip arkalı önlü tuz ve karabiber serpelim. Alüminyum folyoyu 20-25 cm. kenarlı beş adet kare olacak şekilde keselim. Folyoların üzerini fırça yardımı ile hafifçe yağlayarak üzerlerine hindi bifteklerini yayalım. Bifteklerin üzerlerini de fırça yardımıyla yağlayalım. Portakalı, elmayı ve domatesi soyup ince yuvarlak dilimler halinde keselim. Sivribiberleri yarıdan keselim. Bifteklerin yarısına bir elma dilimi, üzerine bir portakal dilimi, üzerine bir domates dilimi ve bir sivribiber dilimi yerleştirip diğer yarısını kapatalım. Folyoları da yarıdan katlayıp kenarları iki kez kıvırarak kapatalım. Paketleri fırın kabına dizip ısıtılmış 200° ısılı fırında 35-40 dk. pişirelim. Paketleri fırından alıp orta kısımlarını keserek servis yapalım.

YUFKA SEPETİNDE TAVUKLU SÜRPRİZ

MALZEMELER
3 yufka
1 tavuk göğsü
1 orta boy soğan
1 orta boy havuç (haşlanmış)
100 gr. bezelye (haşlanmış)
1/4 limon suyu
3-4 çorba kaşığı mısır konservesi
1/2 çay bardağı sıvı yağ
1/2 demet dereotu
2-3 diş sarmısak
3-4 çorba kaşığı mayonez
tuz, karabiber
★★ **4 kişilik**

HAZIRLANIŞI
Tavuk göğsünü birkaç su yıkayarak bir tencereye yerleştirelim. Soğanı iri doğrayarak göğüs etinin etrafındaki boşluklara yerleştirelim. Limon suyunu, sarmısakları, tuzu ve göğüs etinin üzerini hafifçe aşacak kadar sıcak suyu ekleyerek göğüs eti yumuşayana dek haşlayalım. Eti kemiklerinden ayırıp küçük doğrayalım. Haşlanmış havucu tavla zarı iriliğinde doğrayarak bir kaba alalım, içine haşlanmış bezelyeleri, mısırları, mayonezi, kıyılmış dereotunu, tavuk etlerini, tuzu, karabiberi, limon suyunu ekleyip karıştıralım. Yufkayı serip servis tabağını yufkanın üzerine ters çevirerek yatırıp kenarlarını bıçakla çizelim, 4 yuvarlak parça keselim. İkinci yufkayı serip servis tabağından biraz daha küçük bir tabak yardımıyla aynı şekilde 4 ayrı yuvarlak parça keselim. Üçüncü yufkayı serip ikinci yuvarlaktan daha küçük bir tabak yardımı ile 4 ayrı yuvarlak parça keselim. İlk kestiğimiz büyük yuvarlak parçanın orta kısmına fırça ile sıvı yağ sürüp orta büyüklükteki yuvarlak parçayı üzerine serelim. Onun da orta kısmını yağlayıp küçük yuvarlak parçayı üzerine serelim. 3 yufkayı birlikte güveç kabının içine oturtalım. Yufkaların kenarlarını volanlı bir görünüm alması için kıvrımlı şekiller verelim, kenar kısımlarına da fırça ile hafifçe sıvı yağ sürelim. Isıtılmış 200° ısılı fırında yufkaların kenarları hafifçe kıtırlaşana dek pişirip fırından alalım. Kâse şekli alan yufkaları güveç kabından çıkarıp içine tavuklu harcı paylaştırarak servis yapalım.

TERBİYELİ TAVUK KÖFTESİ

MALZEMELER
1/2 tavuk göğsü (haşlanmış)
4-5 dilim bayat ekmek içi
1 yumurta
2 çorba kaşığı kaşar rendesi
1 orta boy soğan
1/2 demet maydanoz
5-6 çorba kaşığı un
tuz, karabiber, pulbiber
1 çay kaşığı köri
Terbiyesi için
1 yumurta sarısı
1 çorba kaşığı limon suyu
★ **4-5 kişilik**

HAZIRLANIŞI
Haşlanmış göğüs etini kemiklerinden ayırıp küçük doğrayalım. İçine soğanı rendeleyip suyunu sıkarak posasını ekleyelim. Kaşar rendesini, yumurtayı, ufalanmış bayat ekmek içini, tuzu ve baharatları ekleyerek köfte harcını iyice yoğuralım. Köfte harcından ceviz büyüklüğünde parçalar koparıp yuvarlak köfteler hazırlayalım. Tepsiye unu yayıp köfteleri ekleyelim. Tepsiyi sağa sola sallayarak köftelerin unlanmasını sağlayalım. Bir tencereye tavuk suyunu ve tuzu ekleyip kaynatalım. Köfteleri ekleyip ağır ateşte köfteler yumuşayana dek pişirelim. Bir kapta yumurta sarısını ve limon suyunu çırpalım. Bir kepçe yemeğin suyundan ekleyip terbiyeyi azar azar ve karıştırarak ilave edip bir taşım kaynatarak ateşten alalım. Üzerine kıyılmış maydanoz ve pulbiber serperek servis yapalım.

TAVUK KÖFTESİ

MALZEMELER

1/2 kg. tavuk veya hindi kıyması
6-7 dilim bayat ekmek içi
1 orta boy soğan
1 yumurta
1/2 demet maydanoz
1 çay kaşığı köri
3/4 çay bardağı sıvı yağ
tuz, karabiber
(arzuya göre) Garnitür olarak
5 orta boy patates (haşlanmış)
5 çorba kaşığı sıvı yağ
1/2 demet maydanoz
tuz
★ **4-5 kişilik**

HAZIRLANIŞI

Tavuk kıymasını bir kaba alalım. İçine soğanı rendeleyip suyunu sıkarak posasını ekleyelim. Ufalanmış bayat ekmek içini, yumurtayı, kıyılmış maydanozu, tuzu ve baharatları ekleyelim. Köfte harcını iyice yoğurarak yuvarlak ve yassı köfteler hazırlayalım. Köfteleri kızdırılmış sıvı yağda, arkalı önlü kızartarak servis tabağına alalım. Tavaya sıvı yağı alıp kızdıralım. Haşlanmış ve elma dilimleri gibi doğranmış patatesleri ekleyip 2-3 dk. karıştırarak kavuralım. Kıyılmış maydanoz yapraklarını ve tuzu ekleyip 1-2 dk. daha karıştırarak kavuralım. Köfteleri patates dilimleri ile birlikte servis yapalım.

IZGARADA TAVUK KÖFTESI

MALZEMELER

1/2 kg. tavuk veya hindi kıyması
5-6 dilim bayat ekmek içi
1 orta boy soğan
1 yumurta
1/2 demet maydanoz
tuz, karabiber
köfte baharatı
★ **4-5 kişilik**

HAZIRLANIŞI

Tavuk kıymasını bir kaba alalım. İçine soğanı rendeleyip suyunu sıkarak posasını ekleyelim. Ufalanmış bayat ekmek içini, yumurtayı, kıyılmış maydanozu, tuzu ve baharatları ekleyelim. Köfte harcını iyice yoğurarak yuvarlak ve yassı köfteler hazırlayalım. Köfteleri ızgarada veya kömür alevinde pişirerek servis yapalım.

TAVUKLU PATATES DÖVMESI

MALZEMELER

350 gr. kuşbaşı tavuk veya hindi eti

2 orta boy soğan

250 gr. mantar

1 orta boy domates

1-2 sivribiber

5 çorba kaşığı sıvı yağ

tuz, karabiber

Püresi için

5 orta boy patates (haşlanmış)

3 dilim piliç bifteği (haşlanmış)

1/2 su bardağı süt

1 çorba kaşığı tereyağı veya margarin (30 gr.)

tuz

★★ **4-5 kişilik**

HAZIRLANIŞI

Haşlanmış biftekleri küçük doğrayalım. Haşlanmış patatesleri sıcakken rendeleyip içine sıcak sütü, tereyağını ve tuzu ekleyip iyice karıştıralım. Doğranmış etleri ekleyip tekrar karıştıralım. Bir tencereye sıvı yağı alalım, küp doğranmış soğanları ekleyerek pembeleşene dek kavuralım. Tavuk etlerini ekleyip suyunu bırakıp çekene dek kavurmaya devam edelim. İnce uzun dilimlenmiş mantarları ekleyip suyunu bırakıp çekene dek kavuralım. Doğranmış sivribiberleri, tavla zarı iriliğinde doğranmış domatesleri, tuzu, karabiberi ekleyip 2-3 dk. daha kavuralım. Etlerin üzerini hafifçe aşacak kadar sıcak su ekleyelim. Ağır ateşte etler yumuşayana dek pişirerek ateşten alalım. Püreyi servis tabağına alıp kaşıkla düzgün yuvarlak bir şekil verelim. Pürenin orta kısmını çukurlaştırarak iç kısmına tavuklu harcı boşaltıp servis yapalım.

ŞIPSI

(ÇEMEN SOSLU TAVUK GÖĞSÜ)

MALZEMELER

1 tavuk göğsü

1/4 limon suyu

2-3 defne yaprağı

1 çorba kaşığı tereyağı veya margarin (30 gr.)

tuz, kırmızıbiber

Çemenli sos için

1/2 çay bardağı sıvı yağ

2 çorba kaşığı un (tepeleme)

2 su bardağı tavuk suyu

1 tatlı kaşığı çemen veya çemen tozu (poy)

tuz

★ **4-5 kişilik**

HAZIRLANIŞI

Tavuk göğsünü birkaç su yıkayarak tencereye yerleştirelim. Limon suyunu, tavuk bulyonu, defne yapraklarını, göğüs etinin üzerini hafifçe aşacak kadar sıcak suyu ve tuzu ekleyip ağır ateşte göğüs eti yumuşayana dek haşlayarak ateşten alalım. Bir tavaya sıvı yağı alalım. Unu ekleyerek unun meyanesi gelip hafifçe esmerleşene dek sürekli karıştırarak kavuralım. Çemeni, tuzu ve sıcak tavuk suyunu azar azar ve karıştırarak ekleyelim. Karıştırmaya ara vermeden sos koyulaşana dek pişirip ateşten alalım. Eti kemiklerinden ayırıp iri parçalara bölerek servis tabağına yayalım. Üzerine çemenli sosu gezdirelim, tereyağını eritip kırmızıbiber ekleyerek sosun üzerine gezdirelim ve servis yapalım.

ÇERKEZ TAVUĞU

MALZEMELER

1 tavuk göğsü

1 su bardağı ceviz içi

4 dilim bayat ekmek içi

1 su bardağı süt

(arzuya göre) 2-3 diş sarmısak

1 çay bardağı tavuk suyu

1/4 limon suyu

1 çorba kaşığı tereyağı veya margarin (30 gr.)

tuz, kırmızıbiber

★ **4-5 kişilik**

HAZIRLANIŞI

Tavuk göğsünü birkaç su yıkayarak tencereye yerleştirelim. Üzerini hafifçe aşacak kadar sıcak suyu, tuzu ve limon suyunu ekleyerek ağır ateşte göğüs eti yumuşayana dek haşlayalım. Eti kemiklerinden ayırarak iri doğrayalım. Bayat ekmek içini sütle ıslatarak blendır veya robotun içine alalım. İçine sarmısakları, tavuk suyunu, ceviz içini, tuzu, karabiberi ekleyelim. Karışımı pürüzsüz kıvama getirerek etlerin üzerine gezdirelim. Tereyağını eritip kırmızıbiber ekleyerek sosun üzerine gezdirelim ve servis yapalım.

JAMBONLU TAVUK GÖĞSÜ SARMASI

MALZEMELER

2 tavuk göğsü (kemiksiz)
4 dilim jambon veya salam
1/2 kg. ıspanak (yapraklı kısımları)
2 orta boy havuç (haşlanmış)
1 orta boy soğan
4 çorba kaşığı sıvı yağ (sebzeler için)
tuz, karabiber
★ **5-6 kişilik**

HAZIRLANIŞI

Kemiksiz tavuk göğüslerinin iç kısımlarından birer dilim kesip çıkararak göğüs etini inceltelim. Arkalı önlü tuz ve karabiber serpelim. Tavaya sıvı yağı alalım. Küp doğranmış soğanı ekleyerek pembeleşene dek kavuralım. Yıkayıp suyunu iyice süzdüğümüz ıspanak yapraklarını doğrayarak ekleyelim. Ispanaklar pörsüyene dek kavurarak tuz ve karabiber ekleyip ateşten alalım. Tavuk göğüslerinin iç kısmına jambon dilimlerini yayalım. Üzerine ıspanaklı harcı yayalım. Göğüs etinin bir kenarlarına haşlanmış havucu yerleştirip diğer kenarını üzerine kapatalım. Göğüs etinin kenarlarını kürdanla teğeller gibi tutturarak margarinle hafifçe yağlanmış alüminyum folyolara saralım. Folyo paketlerinin kenarlarını sıkıştırarak kapatıp fırın kabına alalım. Isıtılmış 200° ısılı fırında yumuşayana dek pişirip fırından alalım. Göğüs etlerinin üzerlerindeki folyoları ve kürdanları çıkarıp dilimleyerek servis yapalım.

ARABAŞI

MALZEMELER

Çorbası için

1 tavuk göğsü (haşlanmış)

4 su bardağı su (tavuk suyu + su)

2 çorba kaşığı tereyağı veya margarin (40 gr.)

1 çorba kaşığı salça

3 çorba kaşığı un

tuz, karabiber

Hamuru için

8 çorba kaşığı un

4 su bardağı su

tuz

★★ **4-5 kişilik**

HAZIRLANIŞI

Bir tencereye yağı alıp eritelim, unu ekleyip hafifçe sararana dek sürekli karıştırarak kavuralım. Tuzu ve suyu azar azar ve karıştırmaya devam ederek ekleyelim. Haşlanmış tavuk göğsünü kemiklerinden ayırıp diderek ekleyelim. Çorbayı ağır ateşte ve sürekli karıştırarak üzeri göz göz olana dek pişirip ateşten alalım. Bir tavaya tereyağını alıp eritelim, salçayı ekleyip birkaç kez çevirerek ateşten alalım ve çorbanın üzerine gezdirelim. Bu arada hamuru hazırlayalım. Bir tencereye suyu, unu ve tuzu ekleyelim. Ağır ateşte ve sürekli karıştırarak üzeri göz göz olana dek pişirelim. Hamur bulamacını hafifçe ıslattığımız orta büyüklükte bir tepsiye boşaltıp soğutalım ve baklava dilimleri gibi keselim. Çorbayı kâselere aktarıp yanında dilimlenmiş hamuru ile birlikte servis yapalım.

> **A**rabaşı, İç Anadolu bölgesinde yapılan, eski bir Türk yemeğidir. Arabaşı, soğuk hamur ve sıcak çorbası ile birlikte yenir.

FIRIN TORBASINDA SEBZELİ TAVUK

MALZEMELER

350 gr. kuşbaşı tavuk veya hindi eti

3 orta boy patates

(arzuya göre) 6-7 arpacık soğan

1 orta boy havuç

100 gr. bezelye (haşlanmış)

2-3 diş sarmısak

1/2 çorba kaşığı un

5 çorba kaşığı sıvı yağ

tuz, karabiber

★ **4-5 kişilik**

HAZIRLANIŞI

Patatesleri kuşbaşı iriliğinde doğrayalım. Havucu yuvarlak dilimleyelim, arpacık soğanları ve sarmısakları soyalım, haşlanmış bezelyelerin suyunu süzelim. Sebzelere tavuk etlerini, sıvı yağı, tuz ve karabiberi ekleyip karıştıralım. Fırın torbasına un serpip çalkalayarak unun fazlasını silkeleyelim. Etli sebzeli harcı içine doldurup torbanın ağzını kendi teli ile kapatalım ve fırın kabına yatık bir şekilde yerleştirelim. Torbanın üst kısmını çatalla birkaç yerinden delerek ısıtılmış 200° ısılı fırında etler ve sebzeler yumuşayana dek pişirip servis yapalım.

> **D**iyet yapıyorsanız, yemeği yağ kullanmadan da pişirebilirsiniz.

TORBADA PİLİÇ ETLİ TÜRLÜ

MALZEMELER

350 gr. kuşbaşı tavuk veya hindi eti

1 orta boy kabak

1 orta boy patlıcan

2 orta boy domates

2-3 sivribiber

1 orta boy soğan

10-15 tazefasulye

2-3 diş sarmısak

(arzuya göre) 10-15 adet tazefasulye

3/4 çay bardağı sıvı yağ

1/2 çorba kaşığı un

1/2 tatlı kaşığı kimyon

tuz, karabiber

★ 4-5 kişilik

HAZIRLANIŞI

Patlıcanları alacalı soyarak kuşbaşı iriliğinde doğrayalım. Kabakları soyarak kuşbaşı iriliğinde doğrayalım. Biberleri iri doğrayalım. Fasulyeleri üçe bölelim. Soğanları küp doğrayalım. Domatesleri kuşbaşı iriliğinde doğrayalım. Sarmısakları soyalım. Sebzeleri bir kaba alalım, içine tuzu, karabiberi, kimyonu, sıvı yağı ve tavuk etlerini ekleyerek karıştıralım. Fırın torbasına un serpip çalkalayarak unun fazlasını silkeleyelim. Etli, sebzeli harcı içine doldurup torbanın ağzını kendi teli ile kapatalım ve fırın kabına yatık bir şekilde yerleştirelim. Torbanın üst kısmını çatalla birkaç yerinden delerek ısıtılmış 200° ısılı fırında etler ve sebzeler yumuşayana dek pişirip servis yapalım.

TAVUK ŞİŞ

MALZEMELER

1 kg. kuşbaşı tavuk veya hindi eti (şişlik)

Terbiyesi (marinatı) için

2 kahve fincanı sıvı yağ

2-3 diş sarmısak

1 tatlı kaşığı salça

2 kahve fincanı süt

tuz, kırmızıbiber, kekik

⭐ **5-6 kişilik**

HAZIRLANIŞI

Bir kabın içine sıvı yağı, salçayı, dövülmüş sarmısakları, sütü, kırmızıbiberi, kekiği ve tuzu ekleyip karıştıralım. İçine etleri ilave edip karıştırarak buzdolabında 4-5 saat bekletelim. Sonra etleri şişlere dizerek ızgarada veya kömür alevinde arkalı önlü pişirip servis yapalım.

GÜVEÇTE MANTARLI TAVUK

MALZEMELER
1/2 kg. kuşbaşı tavuk veya hindi eti
1/2 kg. mantar
5-6 sivribiber
2 orta boy domates
2 orta boy soğan
3/4 çay bardağı sıvı yağ
100 gr. kaşar rendesi
tuz, karabiber
★ 4-5 kişilik
HAZIRLANIŞI

Tavaya sıvı yağı alalım. Küp doğranmış soğanları ekleyerek pembeleşene dek kavuralım. Tavuk etlerini ekleyip suyunu bırakıp çekene dek kavurmaya devam edelim. İnce uzun dilimlenmiş mantarları ekleyip suyunu bırakıp çekene dek kavuralım. Küçük doğranmış sivribiberleri, tavla zarı iriliğinde doğranmış domatesleri, tuz ve karabiberi ekleyerek 2-3 dk. daha kavuralım. Tavuklu harcı tek kişilik güveç kaplarına paylaştırarak üzerlerine kaşar rendesi serpelim. Isıtılmış 220° ısılı fırının üst rafında kaşarlar eriyip üzeri hafifçe pembeleşene dek pişirerek servis yapalım.

> **G**üveç kaplarının üzerine kaşar rendesi serpmek yerine milföy hamuru ile kapatabilirsiniz. Bunun için hamuru güvecin üzerine kapak gibi kapatın, kenardaki fazlalıkları bıçakla keserek çıkartın ve milföy hamurlarının üzerine yumurta sarısı sürerek ısıtılmış 220° ısılı fırının üst rafında hamur kızarana dek pişirin.

TAVUK ŞİŞ
(BAŞKA ŞEKİLDE)

MALZEMELER
1 kg. kuşbaşı tavuk veya hindi eti (şişlik)
Terbiyesi (marinatı) için
3 orta boy soğan
2 çorba kaşığı tereyağı (40 gr.)
1 çay kaşığı tarçın
tuz, karabiber
★ 5-6 kişilik
HAZIRLANIŞI

Bir kabın içine rendelenmiş soğanı, tuzu, karabiberi, tarçını ekleyip karıştıralım ve tel süzgeçten geçirelim. İçine etleri ilave edip karıştırarak buzdolabında 4-5 saat bekletelim, sonra etleri şişlere dizerek ızgarada veya kömür alevinde arkalı önlü pişirip servis yapalım. Pişme esnasında etlere fırça yardımıyla sık sık erimiş tereyağı sürelim.

$\mathcal{F}$IRINDA $\mathcal{T}$AVUKLU $\mathcal{T}$İRİT

MALZEMELER
1 tavuk göğsü
1 orta boy havuç
1 orta boy soğan
2 kahve fincanı pirinç
2 çorba kaşığı tereyağı veya margarin (50 gr.)
tavuk suyu
75 gr. kaşar rendesi
1,5 bayat ekmek
tuz, karabiber
★ **4-5 kişilik**

HAZIRLANIŞI
Bayat ekmeği önce dilimleyip sonra bir
lokmalık kareler halinde keserek fırın kabına
yayalım. Isıtılmış 200° ısılı fırında hafifçe
kıtırlaştıralım. Tavuk göğsünü tencereye alıp
üzerini iki parmak aşacak kadar sıcak suyu, iri
doğranmış soğanı, havucu, tuzu ve karabiberi
ekleyerek ağır ateşte göğüs eti yumuşayana
dek haşlayalım. Eti kemiklerinden ayırıp
didelim. Tavuk suyunu tel süzgeçten geçirip
yeniden tencereye alalım. İçine yıkanmış
pirinçleri ekleyip pirinçler yumuşayana dek
haşlayalım. Ateşten almadan 5 dk. önce
didilmiş tavuk etlerini ekleyelim. Tiridi ateşten
alıp ılıtarak ekmeklerin üzerine gezdirelim.
Üzerine eritilmiş tereyağını ve kaşar rendesini
gezdirip ısıtılmış 200° ısılı fırında kaşarlar
eriyip üzeri hafifçe pembeleşene dek pişirelim
ve servis yapalım.

$\mathcal{P}$İLİÇ $\mathcal{E}$TİYLE $\mathcal{S}$EBZE $\mathcal{M}$ÜCVERİ

MALZEMELER
2 dilim piliç bifteği (haşlanmış)
4 çorba kaşığı sıvı yağ
1 orta boy havuç (haşlanmış)
1 orta boy pırasa
1 orta boy patates (haşlanmış)
3 çorba kaşığı un
2 yumurta
75 gr. kaşar rendesi
1/2 demet maydanoz
1/2 paket kabartma tozu
tuz, karabiber, pulbiber
★ **4-5 kişilik**

HAZIRLANIŞI
Bir kabın içine pırasayı boyuna dörde kesip
ince dilimler halinde doğrayalım. Haşlanmış
havuç ve patatesi rendeleyelim. Haşlanmış
biftekleri küçük doğrayalım. Kıyılmış
maydanozu, sıvı yağı, tuzu, karabiberi,
kabartma tozunu, unu, yumurtaları ekleyip
karıştıralım. Fırın kabını margarinle yağlayarak
hafifçe un serpelim. Mücver harcını fırın
kabına yayıp üzerine kaşar rendesi serpelim.
Isıtılmış 200° ısılı fırında kaşarlar eriyip üzeri
hafifçe pembeleşene dek pişirelim, dilimleyip
servis yapalım.

TAVUK GRATEN

MALZEMELER

1 tavuk göğsü
1 orta boy soğan
1 orta boy havuç (haşlanmış)
3 orta boy patates (haşlanmış)
1/4 limon suyu
200 gr. bezelye (haşlanmış)
tuz, karabiber

Beşamel sos için

3 çorba kaşığı un
2 çorba kaşığı tereyağı veya margarin (40 gr.)
2,5 su bardağı süt
75 gr. kaşar rendesi
tuz

★ **4-5 kişilik**

HAZIRLANIŞI

Tavuk göğsünü birkaç su yıkayarak bir tencereye yerleştirelim. İçine iri doğranmış soğanı, limon suyunu, sarmısakları, tuzu ve göğüs etinin yarısına gelecek kadar sıcak suyu ekleyerek ağır ateşte göğüs eti yumuşayana dek haşlayalım. Eti kemiklerinden ayırıp iri parçalar halinde doğrayarak margarinle yağlanıp hafifçe un serpilmiş fırın kabına yayalım. Bir kabın içine haşlanıp kuşbaşı iriliğinde doğranmış patatesleri ve havucu, haşlanmış bezelyeleri, tuzu, karabiberi ekleyip karıştırarak tavuk etlerinin üzerine yayalım. Tavaya tereyağını alıp eritelim. Unu ekleyip sürekli karıştırarak hafifçe sararana dek kavuralım. Karıştırmaya ara vermeden sıcak sütü ve tuzu ekleyerek sos koyulaşana dek pişirip tavuklu harcın üzerine yayalım. Üzerine kaşar rendesi serperek ısıtılmış 220° ısılı fırında kaşarlar eriyip üzeri hafifçe pembeleşene dek pişirelim ve dilimleyip servis yapalım.

TAVUK GRATEN
(SEBZELİ TAVUK GRATEN)

MALZEMELER
1 tavuk göğsü
1 orta boy patates
1 orta boy havuç
100 gr. bezelye
8-10 arpacık soğan
3-4 diş sarmısak
tuz, karabiber
Beşamel sos için
2 su bardağı tavuk suyu
2 çorba kaşığı un
100 gr. kaşar rendesi
1 yumurta
1/2 çay bardağı sıvı yağ
tuz
★ **4-5 kişilik**

HAZIRLANIŞI
Tavuk göğsünü birkaç su yıkayarak bir tencereye yerleştirelim. İçine soyulmuş havucu, patatesleri, arpacık soğanları, sarmısakları, bezelyeleri, etlerin ve sebzelerin üzerini hafifçe aşacak kadar sıcak suyu, tuzu ve limon suyunu ekleyip ağır ateşte etler ve sebzeler yumuşayana dek haşlayalım. Eti kemiklerinden ayırıp iri parçalar halinde doğrayalım. Sebzeleri delikli kepçe ile tencereden alalım. Havucu ve patatesleri kuşbaşı iriliğinde doğrayarak bir kaba alalım. İçine bezelyeleri, arpacık soğanları, tavuk etlerini, sarmısakları, tuzu ve karabiberi ekleyip karıştıralım. Sebzeli harcı margarinle yağlanıp hafifçe un serpilmiş fırın kabına yayalım. Bir tavaya sıvı yağı alalım, unu ekleyerek hafifçe sararana dek sürekli karıştırıp kavuralım. Karıştırmaya ara vermeden sıcak tavuk suyunu ve tuzu ekleyerek sos koyulaşana dek pişirip ateşten alalım. Sos iyice ılıdığında içine çırpılmış yumurtayı ve kaşar rendesini ekleyip karıştırarak tavuklu harcın üzerine yayalım. Isıtılmış 200° ısılı fırında sosun üzeri hafifçe pembeleşene dek pişirerek dilimleyip servis yapalım.

MANTARLI TAVUK GRATEN

MALZEMELER
350 gr. kuşbaşı tavuk veya hindi eti
250 gr. mantar
1 orta boy soğan
1 orta boy havuç (haşlanmış)
3 orta boy patates (haşlanmış)
1/2 çay bardağı sıvı yağ
250 gr. bezelye (haşlanmış)
tuz, karabiber
Beşamel sos için
4 çorba kaşığı sıvı yağ
2 su bardağı süt
2 çorba kaşığı un
75 gr. kaşar rendesi
tuz
★ **4-5 kişilik**

HAZIRLANIŞI
Tavaya sıvı yağı alalım. Tavuk etlerini ekleyip suyunu bırakıp çekene dek kavuralım. Küp doğranmış soğanı ekleyip pembeleşene dek kavurmaya devam edelim. İnce uzun dilimlenmiş mantarları, tuzu, karabiberi ekleyerek mantarlar suyunu bırakıp çekene dek kavurup ateşten alalım. Bu arada sosu hazırlayalım. Bir tavaya sıvı yağı alalım, unu ekleyip hafifçe sararana dek sürekli karıştırarak kavuralım. Karıştırmaya ara vermeden azar azar sıcak sütü ve tuzu ekleyerek sos koyulaşana dek pişirelim ve ateşten alalım. İçine haşlanıp kuşbaşı iriliğinde doğranmış patates ve havuçları, tavuklu harcı, haşlanmış bezelyeleri ilave edip karıştıralım. Tavuklu harcı margarinle yağlayıp tabanına un serpilmiş fırın kabına yayalım. Üzerine kaşar rendesi serperek ısıtılmış 220° ısılı fırında kaşarlar eriyip üzeri hafifçe pembeleşene dek pişirelim ve servis yapalım.

DOMATES SOSLU TAVUK SOTE

MALZEMELER

1/2 kg. kuşbaşı tavuk veya hindi eti
5 çorba kaşığı sıvı yağ
tuz, karabiber
<u>*Domates sosu için*</u>
1 orta boy soğan
1 orta boy domates
1/2 çorba kaşığı salça
1/2 çorba kaşığı un
1/2 kahve fincanı sıvı yağ
1/2 demet maydanoz
tuz, karabiber
★ **4-5 kişilik**

HAZIRLANIŞI

Tavaya sıvı yağı alalım. Tavuk etlerini ekleyelim, suyunu bırakıp çekene dek kavuralım. Bu arada domates sosunu hazırlayalım. Ayrı bir tavaya sıvı yağı alıp küp doğranmış soğanı ekleyerek pembeleşene dek kavuralım. Unu ekleyip hafifçe sararana dek birkaç kez çevirelim. Salçayı, rendelenmiş domatesi, tuzu, karabiberi ekleyip 2-3 dk. daha kavurarak 1-1,5 su bardağı sıcak su ekleyelim. Sosu bir taşım kaynatıp diğer tavadaki sotelenmiş etlerin üzerine gezdirelim. Etleri sosu ile birlikte 5-10 dk. daha pişirip üzerine kıyılmış maydanoz serperek servis yapalım.

ISPANAKLI TAVUK GÖĞSÜ SARMASI

MALZEMELER

2 tavuk göğsü (kemiksiz)
1 orta boy soğan
1/2 kg. ıspanak (yapraklı kısımları)
4 çorba kaşığı sıvı yağ (ıspanaklar için)
2 adet sosis (haşlanmış)
5 çorba kaşığı un
5 çorba kaşığı galeta unu

1 yumurta
1/2 su bardağı sıvı yağ
tuz, karabiber
★ **5-6 kişilik**

HAZIRLANIŞI

Kemiksiz tavuk göğüslerinin iç kısımlarından birer dilim kesip çıkararak göğüs etini inceltelim ve arkalı önlü tuz ve karabiber serpelim. Tavaya sıvı yağı alalım. Küp doğranmış soğanı ekleyerek pembeleşene dek kavuralım. Yıkayıp suyunu iyice süzdüğümüz ıspanak yapraklarını doğrayarak ekleyelim. Ispanaklar pörsüyene dek kavurarak tuz ve karabiber ekleyip ateşten alalım. Tavuk göğüslerinin iç kısmına ıspanaklı harç yayarak göğüs etinin bir kenarına haşlanmış sosisi yerleştirip diğer kenarı üzerine kapatalım. Kenarlarını kürdanla teğeller gibi tutturalım. Göğüs etini önce una, sonra çırpılmış yumurtaya, ardından galeta ununa batırıp çıkararak kızgın sıvı yağda ve ağır ateşte arkalı önlü, sık sık çevirerek üzerleri altın sarısı renk alana dek kızartalım. Göğüs etini üzerindeki kürdanları çıkarıp dilimleyerek servis yapalım.

FIRINDA SEBZELİ TAVUK

MALZEMELER
1/2 kg. kuşbaşı tavuk veya hindi eti
2 orta boy soğan
4 orta boy patates
1/2 kg. mantar
3 orta boy domates
4-5 sivribiber
4-5 diş sarmısak
1/4 limon suyu
3/4 çay bardağı sıvı yağ
tuz

★ **5-6 kişilik**

HAZIRLANIŞI

Tavaya sıvı yağın yarısını alalım. Tavuk etlerini ekleyip suyunu bırakıp çekene dek kavurarak ateşten alalım. Mantarları ince, uzun dilimleyerek limonlu suda haşlayıp süzgece alalım, suyunu süzelim. Fırın kabını margarinle hafifçe yağlayarak ince yuvarlak dilimlenmiş patatesleri iki sıra halinde dizelim, üzerine piyaz doğranmış soğanları yayalım. Üzerine etleri yayalım, üzerine haşlanmış mantarları yayalım. Sivribiberleri yarıdan kesip yerleştirelim. Doğranmış sarmısakları serpelim. Kalan sıvı yağı kaşıkla sebzelerin üzerine gezdirerek tuzu serpelim. Üzerine yuvarlak dilimlenmiş domatesleri yerleştirerek 1-1,5 su bardağı sıcak suyu fırın kabına boşaltalım. Üzerini alüminyum folyo ile kapatarak ısıtılmış 220° ısılı fırında etler ve sebzeler yumuşayana dek pişirelim ve servis yapalım.

TAVUK KROKET

MALZEMELER
1/2 tavuk göğsü (haşlanmış)
4-5 dilim bayat ekmek içi
1 orta boy soğan
1/2 demet maydanoz
1 yumurta
1/2 su bardağı sıvı yağ
tuz, karabiber, köfte baharatı
Köftenin dışı için
1 yumurta
5-6 çorba kaşığı un
5-6 çorba kaşığı galeta unu

★ **4-5 kişilik**

HAZIRLANIŞI

Haşlanmış göğüs etini kemiklerinden ayırıp küçük doğrayalım. İçine ufalanmış bayat ekmek içini, tuzu, baharatları, kıyılmış maydanozu, yumurtayı ekleyelim. Soğanı rendeleyip suyunu sıkarak posasını ekleyelim. Köfte harcını iyice yoğurarak başparmak kalınlığında silindirik köfteler hazırlayalım. Köfteleri önce una, sonra çırpılmış yumurtaya, sonra galeta ununa batırıp çıkararak kızdırılmış sıvı yağda arkalı önlü kızartalım, kâğıt mutfak havlusu üzerine alarak servis yapalım.

TAVUK ETLİ PATLICAN KEBABI

MALZEMELER

1/2 kg. kuşbaşı tavuk veya hindi eti

4 orta boy patlıcan

2 orta boy soğan

4-5 sivribiber

2 orta boy domates

2-3 diş sarmısak

1 su bardağı sıvı yağ

(patlıcanları kızartmak için)

1/2 çay bardağı sıvı yağ

75 gr. kaşar rendesi

tuz, karabiber

★ **4-5 kişilik**

HAZIRLANIŞI

Patlıcanları alacalı soyup kalın yuvarlak
dilimler halinde doğrayarak tuzlu suda 1/2 saat
bekletelim. Patlıcan dilimlerini yıkayıp
kurulayarak kızdırılmış sıvı yağda hafifçe arkalı
önlü kızartıp fırın kabına dizelim. Bir tavaya
sıvı yağı alalım, tavuk etlerini ekleyerek
suyunu bırakıp çekene dek kavuralım.
Küp doğranmış soğanı ve sarmısakları ekleyip
pembeleşene dek kavurmaya devam edelim.
Doğranmış sivribiberleri, tavla zarı iriliğinde
doğranmış domatesleri, tuzu, karabiberi
ekleyerek 2-3 dk. daha kavuralım. 1-1,5 su
bardağı sıcak suyu ekleyip bir taşım
kaynatalım. Tavuklu harcı patlıcan dilimlerinin
üzerine yayalım, üzerine kaşar rendesi
serpelim. Isıtılmış 200° ısılı fırında kaşarlar
eriyip üzeri hafifçe pembeleşene dek pişirerek
servis yapalım.

GÜVEÇTE KAYISILI TAVUK

MALZEMELER

1/2 kg. kuşbaşı tavuk veya hindi eti

10-12 kuru kayısı (suya yatırılmış)

250 gr. bezelye (haşlanmış)

1/2 çay bardağı sıvı yağ

(arzuya göre) 2 salçalık kırmızıbiber

tuz, karabiber

<u>*Beşamel sos için*</u>

4 çorba kaşığı sıvı yağ

2 çorba kaşığı un

2 su bardağı süt

75 gr. kaşar rendesi

tuz

★ **4-5 kişilik**

HAZIRLANIŞI

Tavaya sıvı yağı alalım. Tavuk etlerini
ekleyerek suyunu bırakıp çekene dek
kavuralım. Kayısıları küçük doğrayıp ekleyerek
2-3 dk. daha kavurmaya devam edelim.
Haşlanmış bezelyeleri, tuzu, karabiberi ekleyip
karıştırarak ateşten alalım. Tavuklu harcı tek
kişilik güveç kaplarına paylaştıralım.
Haşlanmış kırmızıbiberi yarıdan kesip şeritler
halinde doğrayarak etlerin üzerine serpelim.
Bir tavaya sıvı yağı alalım. Unu ekleyip sürekli
karıştırarak hafifçe sararana dek kavuralım.
Sıcak sütü ve tuzu ekleyip karıştırmaya ara
vermeden ağır ateşte sos koyulaşana dek
pişirelim. Sosu güveç kaplardaki tavuklu harcın
üzerine yayıp kaşar rendesi serpelim. Isıtılmış
220° ısılı fırının üst rafında kaşarlar eriyip
üzeri hafifçe pembeleşene dek pişirerek servis
yapalım.

FIRINDA KAYISILI PILIÇ KAPAMA

(MALATYA YEMEĞİ)

MALZEMELER

1/2 kg. kuşbaşı tavuk veya hindi eti
2 orta boy domates
100 gr. kuru kayısı
4-5 sivribiber
3/4 çay bardağı sıvı yağ
75 gr. kaşar rendesi
2 yumurta
tuz, karabiber

★ 4-5 kişilik

HAZIRLANIŞI

Tavaya sıvı yağı alalım. Tavuk etlerini ekleyip suyunu bırakıp çekene dek kavuralım. Doğranmış sivribiberleri ve küp doğranmış domatesleri, tuzu, karabiberi ekleyip 2-3 dk. daha kavurmaya devam edelim. Kuru kayısıları yarıdan kesip ekleyerek karıştırıp ateşten alalım. Tavuklu harcı margarinle yağlanmış fırın kabına yayalım. Bir kapta kaşar rendesini ve yumurtaları karıştırarak etlerin üzerine yayalım. Isıtılmış 220° ısılı fırında kaşarlar eriyip üzeri hafifçe pembeleşene dek pişirerek servis yapalım.

KÂĞIT KEBABI

MALZEMELER

1/2 kg. kuşbaşı tavuk veya hindi eti
3-4 sivribiber
1/2 kg. mantar
2 orta boy domates
2-3 diş sarmısak
3-4 dal taze soğan
3/4 çay bardağı sıvı yağ
tuz, karabiber
yağlı kâğıt, alüminyum folyo

★ 4-5 kişilik

HAZIRLANIŞI

Tavaya sıvı yağı alalım. Tavuk etlerini ekleyip suyunu bırakıp çekene dek kavuralım. İnce uzun dilimlenmiş mantarları ekleyerek suyunu bırakıp çekene dek kavurmaya devam edelim. İri doğranmış taze soğanları, sivribiberleri, sarmısakları, tuzu ve baharatları ekleyip 2-3 dk. daha kavurarak ateşten alalım. 30-35 cm. kenarlı ve kare kesilmiş dört-beş yağlı kâğıdı yarıdan katlayıp kalp şeklinde keselim. Kalp şekline gelen kâğıtların bir taraflarına tavuklu harcı paylaştıralım. Üzerlerine birer domates dilimi yerleştirelim. Kâğıdın boş tarafını diğer taraf üzerine kapatalım ve oyuntulu kısımdan başlamak üzere üste doğru iki kez kıvırarak paket kenarlarını kapatalım. Paketleri fırın kabına dizip üzlerini alüminyum folyo ile kapatarak ısıtılmış 220° ısılı fırında 20-25 dk. pişirelim. Paketleri fırından alıp ortalarını keserek servis yapalım.

BALIKLAR

BALIK SATIN ALIRKEN NELERE DİKKAT ETMELİYİZ?

Balık alırken gözlerinin parlak, solungaçlarının pembe
ve derisinin parlak, gergin olmasına dikkat edin.
Ayrıca balığın kötü kokmaması da dikkat edilecek
hususlardan biridir. Aldığınız balığı o gün
pişirmeyecekseniz mutlaka iç organlarını, varsa pullarını ve
kafasını temizleyin, iyice yıkayıp suyunu süzdükten sonra
buzlukta saklayın.

BALIK PİŞİRME YÖNTEMLERİ

Buğulama ve haşlama

Balığı temizleyip yıkadıktan sonra tencereye
alın, üzerine soğuk su ilave edip ağır ateşte
pişirin. Pişme süresi, balığın iriliğine göre
değişir. Balığı kapaklı kapta pişirin. Etli kısmı
kılçıklı kısmından ayrılmaya başlamışsa balık
pişmiş demektir.

Izgara

Balıklar pişerken çatlamaması için sırtlarından
çizin. Balıkların dış kısmına fırça yardımı ile
sıvı yağ sürün. Ancak sardalya gibi yağlı
balıkları alüminyum folyoya sararak pişirin.
Izgarayı önceden ısıtmayı da ihmal etmeyin.

Fırında

Balıkları pişireceğiniz kaba biraz yağ sürün.
Üzerine balıkları dizin. Üzerine tercih
edeceğiniz bir sos dökün veya erimiş tereyağı
sürün. Sosunuza göre dilimlenmiş mantar ya da
piyaz doğranmış soğan ilave edin. Kabın
üzerini alüminyum folyo ile örterseniz hem
balıkların pişme süresi kısalır hem de üzerleri
yanmadan pişer.

Eğer balık yerken boğazınıza kılçık
kaçtı ise patates püresi yiyin ve istifra
etmeye çalışın.

Kızartma

Kızartacağınız balıklar küçükse yağ
çekmemesi için yağı iyice kızdırın. Büyük
balıkları ise daha az kızmış, yani orta ısılı
yağda kızartın. Böylece balıkların içi iyi pişer.
Sardalya, Hamsi, Gümüşbalığı ve Barbunya
gibi küçük balıklar unlanarak kızartılır.
Un yerine nişasta kullanırsanız balığınız daha
çıtır şekilde kızarır. Büyük balıklar ise önce
süte yatırılıp sonra una bulanır, fazla unu
silkelenir. Büyük balıklar 1-1,5 cm. eninde
yuvarlak dilimler halinde kesilerek kızartılır
veya fileto haline getirilerek, yani boyuna 2'ye
kesilerek kızartılır. Kızaran balıklar emici bir
kâğıt üzerine çıkarılır. Limon dilimleri, soğan
piyazı, maydanoz ve yeşil salata ile servis
yapılır.

LEVREK

Eti hafiftir ve az kılçıklıdır. 200 gr.'dan küçük olanların eti lezzetsiz olur. En lezzetlisi başlanarak yapılanıdır. Haşlamadan önce zeytinyağı ve kokulu otların içinde bekletilmesi iyi olur.

KEFAL

Hem tuzlu, hem tatlı suda yaşar. Topbaş ve altınbaş gibi cinsleri vardır. En iyisi topbaş cinsidir. Eti yağlıdır, fırında, ızgarada veya haşlama yapılarak pişirilmesi uygundur.

LÜFER

Küçükleri ızgara ve tava yapmaya elverişlidir. Çok küçük olanlarına çinekop, büyüklerine kofana denir. Çinekop az kılçıklıdır. Eti hafif ve çok lezzetlidir.

ÇİPURA

Haşlaması olmaz. Tavada, ızgarada ve fırında pişirilir.

MERCAN

Eti lezzetlidir. Izgara, tava ve buğulaması yapılır.

DİL BALIĞI

Tazeliğini anlamak için karnına bakın, karnı çok beyaz olmasın. Derisi soyularak tavada veya fırında pişer, haşlaması da yapılabilir. Kalkan balığı da aynı şekilde pişirilir.

SARDALYA, GÜMÜŞBALIĞI VE HAMSİ

Etleri yağlıdır. Kızartması, ızgarası veya buğulaması yapılır. Orta boy olanları makbuldür.

USKUMRU

Haşlaması, ızgarası, kâğıt kebabı ve tavası yapılır.

İZMARİT

Eti yağsız, sert ve düzdür. Tavası ve ızgarası yapılır.

BARBUNYA VE TEKİR

Eti lezzetlidir. Izgarası ve tavası yapılır.

PALAMUT

Büyüklerine torik denir. Küçükleri tavada olabilir. Büyükleri yağlıdır, ızgarası uygundur.

ALABALIK

Eti lezzetlidir. Lezzeti somon balığını andırır. Somondan çok daha az yağlıdır ve hafiftir. Tavası yapılır.

TURNA BALIĞI

Tatlı su balığıdır. Eti yağsız ve hafiftir, küçükleri daha lezzetlidir.

SAZAN BALIĞI

Eti beyaz ve hafif yağlıdır. Fırında yahnisi ve tavası yapılır.

> Balığı derin dondurucuda saklayacaksanız iç organlarını temizleyip yıkayın ve suyunu iyice süzün. Alüminyum folyoya sarın veya buzluk poşetine yerleştirin. Ağzını bağlayarak buzlukta bekletin.
>
> Mutfağınıza balık kokusu sindiyse veya hoş olmayan kokular var ise limon kabuklarını ateş üzerinde 1 dk. kadar yakın veya alüminyum folyo üzerine bir parça tarçın koyun. Tarçını biraz ısıtın ve mutfakta uygun bir köşede bekletin.

HAMSİLER

Hamsileri tek tek unlayıp kızartmak size zor gelebilir. Bu işlemleri pratik bir hale getirmek mümkün. Bunun için hamsileri ayıklayıp yıkayarak suyunu iyice süzün, temiz bir poşetin içine biraz un, tuz ve karabiber ilave edip karıştırın. Hamsileri poşete doldurun. Poşetin ağzını elinizle büzün. Öbür elinizle poşetin alt kısmını tutup çalkalayın. Hamsilerin hepsi una bulandı ise poşetten çıkarıp fazla ununu silkeleyin. Hamsiler fazla ise bu işlemi birkaç kerede yapın. Kızartmak için sıvı yağ kullanın. Hamsileri çiçek şeklinde baş kısımları ortaya, kuyruklu kısımları tavanın kenarlarına gelecek şekilde aralıksız ve düzgün bir şekilde dizin. Hamsilerin bir yüzü kızarınca tavaya düz bir porseleni kapatın. Tavadaki yağı bir kâseye süzün ve hamsileri ters çevirip şeklini bozmadan porselene çıkarın. Kâsedeki yağı yeniden tavaya alın. Hamsilerin şeklini bozmadan tavaya kaydırarak ilave edin. Sonra hamsilerin kızarmayan yüzlerini kızartın. Tavanın şeklini alan çiçek şeklindeki kızarmış hamsilerin şeklini bozmadan dikkatlice düz bir servis tabağına çıkarın.

Hamsi buğulamayı hemen herkes sever. Buğulamanın çok lezzetli olması için birkaç püf noktası vardır. Hamsilerin altına 1 sıra yuvarlak dilimlenmiş soğan sıralayın, üzerine 1 sıra hamsileri dizin, hamsilerin üzerine yine 1 sıra oluşturacak şekilde soğan ve limon dilimleri sıralayın. 1-2 kahve fincanı su ve biraz sıvı yağ gezdirin, tuz, karabiber serpin, yer yer hamsilerin aralarına defne yaprakları ve sarmısak dişleri sıkıştırın, ağır ateşte ve kapaklı olarak pişirin.

HAMSİ PİLAKİ

MALZEMELER

750 gr. hamsi
1 orta boy soğan
1 orta boy domates
1 sivribiber
1 orta boy patates
1 orta boy havuç
1/2 demet maydanoz
3-4 diş sarmısak
1 orta boy limon
1/2 çay bardağı sıvı yağ
tuz, karabiber
★ **4-5 kişilik**

HAZIRLANIŞI

Hamsilerin kafalarını ve bel kemiklerini çıkararak yıkayıp suyunu süzelim. Tavaya sıvı yağı alalım. Piyaz doğranmış soğanları ve tavla zarı iriliğinde doğranmış havucu ekleyerek 2-3 dk. kavuralım. Tavla zarı iriliğinde doğranmış patatesi ve kıyılmış sarmısakları ekleyerek 2-3 dk. daha kavurmaya devam edelim. Tavla zarı iriliğinde doğranmış domatesi, küçük doğranmış sivribiberi, kıyılmış maydanozu, tuzu, karabiberi ekleyerek 2-3 dk. daha kavuralım. Yayvan bir tencereye hamsileri sırt kısmı üste gelecek şekilde yan yana ve aralıksız olarak dizelim. Hamsilerin üzerine sebzeli harcı yayalım. Ağır ateşte hamsiler yumuşayana dek pişirerek servis yapalım.

Hamsi Kuşu

MALZEMELER

750 gr. hamsi (irilerinden)
4-5 dal taze soğan
1/2 demet maydanoz
1 tatlı kaşığı limon suyu
2 yumurta
4-5 çorba kaşığı un
1 su bardağı sıvı yağ
tuz, karabiber
★★ 4-5 kişilik

HAZIRLANIŞI

Hamsilerin kafalarını ve bel kemiklerini çıkararak yıkayıp suyunu süzelim. Bir kabın içine soğanları ve maydanozları ince doğrayalım. İçine tuzu, karabiberi ve limon suyunu ekleyip karıştıralım. 2 hamsiyi yan yana yatıralım. Üzerlerine bir tatlı kaşığı soğanlı harçtan yayalım. Üçüncü hamsiyi üzerine kapatalım. Hamsileri elimizle sıkıştırarak arkalı önlü una bulayalım. Sonra çırpılmış yumurtaya bulayalım. Kızdırılmış sıvı yağda hamsileri arkalı önlü kızartarak kâğıt mutfak havlusu üzerine çıkarıp servis yapalım.

HAMSİ BUĞULAMA

MALZEMELER

750 gr. hamsi
2 orta boy soğan
1 orta boy domates
1/2 su bardağı su
1/2 demet maydanoz
1 orta boy limon
3-4 defne yaprağı
1/2 çay bardağı sıvı yağ
tuz, karabiber

★ 4-5 kişilik

HAZIRLANIŞI

Hamsilerin kafalarını ve bel kemiklerini çıkararak yıkayıp suyunu süzelim. Tavaya sıvı yağı alalım, piyazlık doğranmış soğanları ekleyerek pembeleşene dek kavuralım. Yayvan bir tencereye hamsileri yan yana ve aralıksız şekilde dizelim. Üzerine kavrulmuş soğanları yayalım. Üzerine kıyılmış maydanozları, üzerine yuvarlak dilimlenmiş domatesleri ve limonları dizelim. Tuz ve karabiber serperek balıkların aralarındaki boşluklara defne yaprakları sıkıştıralım. Üzerine su ilave ederek ağır ateşte hamsiler yumuşayana dek pişirip servis yapalım.

FIRINDA HAMSİ BUĞULAMA

(BAŞKA ŞEKİLDE)

MALZEMELER

750 gr. hamsi
2 orta boy soğan
2 orta boy domates
1 orta boy limon
1/2 su bardağı su
1/2 çay bardağı sıvı yağ
4-5 defne yaprağı
tuz, karabiber

★ 4-5 kişilik

HAZIRLANIŞI

Hamsilerin kafalarını ve bel kemiklerini çıkararak yıkayıp suyunu süzelim. İki hamsiyi yüz yüze gelecek şekilde yapıştırıp hafifçe yağlanmış fırın kabına dizelim. Soğanları piyazlık doğrayıp hamsilerin üzerine yayalım. Üzerine yuvarlak dilimlenmiş domatesi ve limon dilimlerini yerleştirelim. Tuz ve karabiber serpip balıkların aralarındaki boşluklara defne yapraklarını sıkıştıralım. Üzerine su ve sıvı yağ ilave ederek ağır ateşte hamsiler yumuşayana dek pişirip servis yapalım.

HAMSİ DOLMASI

MALZEMELER

750 gr. hamsi (irilerden)
1 orta boy soğan
1/2 çorba kaşığı dolmalık fıstık
1/2 çorba kaşığı kuşüzümü
1/2 çay bardağı pirinç
3 çorba kaşığı sıvı yağ
1/2 demet maydanoz
4-5 çorba kaşığı un
2 yumurta
1/2 su bardağı sıvı yağ (kızartmak için)
tuz, karabiber

★★ 4-5 kişilik

HAZIRLANIŞI

Hamsilerin kafalarını ve bel kemiklerini çıkararak yıkayıp suyunu süzelim. Tavaya sıvı yağı alalım. Dolmalık fıstıkları ekleyip pembeleşene dek kavuralım. Küp doğranmış soğanı ekleyerek 2-3 dk. daha kavurmaya devam edelim. Yıkayıp suyunu süzdüğümüz pirinci ekleyerek şeffaflaşana dek kavuralım. Kuşüzümlerini, tuzu, baharatları, 1 çay bardağı sıcak suyu ekleyerek ağır ateşte pirinçler suyunu çekene dek pişirelim. Kıyılmış maydanozu ekleyip karıştıralım. Hamsilerin dış kısımlarını tuzla karıştırılmış una bulayarak 2 hamsiyi yan yana yatıralım. Üzerine hazırladığımız içten bir tatlı kaşığı koyalım. Üçüncü hamsinin dışını da una bulayıp diğer hamsilerin üstüne kapatalım. Hamsileri elimizle sıkıştırarak çırpılmış yumurtaya bulayalım. Kızgın sıvı yağda arkalı önlü kızartarak servis yapalım.

Fırında Sebzeli Hamsi

MALZEMELER

750 gr. hamsi (irilerinden)
1 orta boy soğan
1 orta boy patates
1 orta boy havuç
1/2 çay bardağı bulgur
1/2 çay bardağı sıvı yağ
tuz, karabiber

★ **4-5 kişilik**

HAZIRLANIŞI

Hamsilerin kafalarını ve bel kemiklerini çıkararak yıkayıp suyunu süzelim. Tavaya sıvı yağı alalım. Küp doğranmış soğanı ve tavla zarı iriliğinde doğranmış havuçları ekleyerek 2-3 dk. kavuralım. Sonra tavla zarı iriliğinde doğranmış patatesi ekleyip 2-3 dk. daha kavurmaya devam edelim. Tuzu, karabiberi, bulguru ve 1 çay bardağı sıcak suyu ekleyerek ağır ateşte bulgurlar suyunu çekene dek pişirelim. Fırın kabını margarinle hafifçe yağlayalım. Balıkların sırt kısımları fırın kabına gelecek şekilde çiçek biçiminde, ortadan başlamak üzere aralıksız ve yan yana dizelim. Üzerine hazırladığımız sebzeli harcı düzgünce yayalım. Kalan hamsileri de aynı şekilde sebzeli harcın üzerine dizelim. Fırın kabının üzerini alüminyum folyo ile kapatıp ısıtılmış 200° ısılı fırında 30-35 dk. pişirelim. Hamsilerin pişip pişmediğini kontrol edip fırından alarak servis yapalım.

İç Pilavlı Hamsi Tava

MALZEMELER

750 gr. hamsi (irilerinden)
1/2 su bardağı pirinç
2 orta boy soğan
1 çorba kaşığı kuş üzümü
1 çorba kaşığı dolmalık fıstık
1 su bardağı sıcak su
1/4 çay bardağı sıvı yağ (pilav için)
tuz, karabiber, tarçın, yenibahar (birer çay kaşığı)
2-3 çorba kaşığı sıvı yağ

★★★ **4-5 kişilik**

HAZIRLANIŞI

Hamsilerin kafalarını ve bel kemiklerini çıkararak yıkayıp suyunu süzelim. Bu arada iç pilavı hazırlayalım. Pirinçleri yıkayıp suyunu iyice süzelim. Tencereye sıvı yağı alalım. Dolmalık fıstıkları ekleyip pembeleşene dek kavurarak delikli kepçe ile alalım. Aynı yağda küp doğranmış soğanları pembeleşene dek kavuralım. Pirinçleri ekleyerek şeffaflaşana dek kavurmaya devam edelim. Kuşüzümünü, tuzu, baharatları, çamfıstıklarını ve suyu ekleyerek pirinçler suyunu çekene dek pişirip ateşten alalım. Geniş yüzeyli bir teflon tavaya 2-3 çorba kaşığı sıvı yağ ilave edelim. Hamsileri ortadan başlamak üzere çiçek şeklinde tavaya aralıksız olarak dizelim. (Hamsilerin kuyruk kısımlarını tavanın iç kenarlarına yaslayarak ve hamsilerin sırt kısımları tava yüzeyine gelecek şekilde yerleştirin.) Hamsilerin üzerine iç pilavı düzgünce yayalım. Üzerine kalan hamsileri aynı şekilde aralıksız dizelim. Hamsilerin bir yüzünü ağır ateşte ve kapaklı olarak tavayı ara sıra çevirerek kızartalım. Bir kapak yardımı ile hamsilerin şeklini bozmadan üstteki hamsiler alta gelecek şekilde ters çevirelim. Tavanın kenarından 2-3 çorba kaşığı sıvı yağ akıtalım. Hamsiler kızarana dek tavayı ara sıra çevirerek ağır ateşte pişirelim. Servis tabağına hamsilerin şeklini bozmadan tavayı ters çevirerek çıkaralım ve dilimleyerek servis yapalım.

Pazılı Hamsi Pilaki

MALZEMELER

1/2 kg. hamsi
2-3 dal taze soğan
2 sivribiber
1 orta boy patates (haşlanmış)

2 orta boy domates
4-5 pazı yaprağı
1/2 demet taze nane
1/2 demet maydanoz
3-4 diş sarmısak
4 çorba kaşığı sıvı yağ
tuz, karabiber
★ **4-5 kişilik**

HAZIRLANIŞI

Hamsilerin kafalarını ve bel kemiklerini çıkararak yıkayıp suyunu süzelim. Pazı yapraklarını yıkayarak suyunu süzüp iri doğrayalım. İçine küçük doğranmış taze soğanları, sivribiberleri, sarmısakları, kıyılmış maydanozu ve naneyi, tavla zarı iriliğinde doğranmış domatesi ve haşlanmış patatesi, sıvı yağı, tuzu ve karabiberi ekleyip karıştıralım. Yayvan bir tencereye hamsileri sırt kısmı üste gelecek şekilde yan yana ve aralıksız olarak dizelim. Hamsilerin üzerine pazılı harcı yayalım. Ağır ateşte hamsiler yumuşayana dek pişirerek servis yapalım.

HAMSİ RULOSU

MALZEMELER

750 gr. hamsi (irilerinden)
1 orta boy soğan
1/2 demet maydanoz
2 yumurta
1/2 su bardağı maden suyu
1 su bardağı un
1/2 su bardağı sıvı yağ
tuz, karabiber
★★ **4-5 kişilik**

HAZIRLANIŞI

Hamsilerin kafalarını ve bel kemiklerini çıkararak yıkayıp suyunu süzelim. Bir kabın içine soğanı çentercesine küçük doğrayıp içine kıyılmış maydanozu, tuzu ve karabiberi ekleyerek karıştıralım. Bir kabın içine maden suyunu, unu, yumurtayı, tuzu, karabiberi ilave ederek çırpma teli ile karıştıralım. Bir hamsiyi yatırıp içine soğanlı, maydanozlu harçtan bir miktar yayalım, hamsiyi rulo yapıp saralım. Hamsilerin kızarırken açılmaması için rulolara bir ucundan girip diğer ucundan çıkacak

şekilde bir kürdan batıralım. Bütün hamsileri bu şekilde hazırlayalım, unlu bulamaç içine batırıp çıkararak kızgın sıvı yağda kızartalım. Hamsi rulolarını kâğıt mutfak havlusu üzerine çıkarıp servis yapalım.

> **M**aden suyu, hamsi rulolarının çıtır çıtır ve kabarık kızarması içindir. Kızartma işleminden sonra dilerseniz kürdanları çıkarabilirsiniz.

SEBZELİ HAMSİ TAVA

MALZEMELER

1/2 kg. hamsi
4-5 dal taze soğan
2 yumurta
1/2 demet dereotu
1/2 demet maydanoz
5-6 çorba kaşığı un
1/2 çay bardağı sıvı yağ
tuz, karabiber
★★ **4-5 kişilik**

HAZIRLANIŞI

Hamsilerin kafalarını ve bel kemiklerini çıkararak yıkayıp suyunu süzelim. Bir kabın içine kıyılmış dereotunu, maydanozu, taze soğanları, tuzu, karabiberi ve yumurtaları ekleyip karıştıralım. Balıkları arkalı önlü una bulayalım. Yağını kızdırdığımız teflon tavaya balıkların baş kısımları tavanın ortasına gelecek biçimde aralıksız ve yan yana çiçek şeklinde dizelim. Sebzeli, yumurtalı harcı hamsilerin üzerine yayalım. Ağır ateşte ve kapaklı olarak hamsilerin alt yüzleri kızarana dek pişirelim. Kapak yardımı ile hamsilerin şeklini bozmadan ters çevirip 1-2 çorba kaşığı daha sıvı yağ ilave ederek diğer yüzlerini kızartalım. Tavayı ters çevirerek hamsileri servis tabağına çıkarıp servis yapalım.

FIRINDA ÇUPRA

MALZEMELER

1 iri boy çupra

1 orta boy limon

3-4 defne yaprağı

kaya tuzu veya tuz

karabiber

1 kahve fincanı sıvı yağ

⭐ **4-5 kişilik**

HAZIRLANIŞI

Balığı alırken ayıklatalım. Yıkayıp suyunu süzelim. Limonu ince yuvarlak dilimler halinde keselim. Balığın karın kısmına, arkasına ve önüne tuz ve karabiber serpelim. Balığın karın boşluğuna limon dilimleri ve defne yapraklarını dizelim. Balığı arkalı önlü fırça ile yağlayarak alüminyum folyoya sarıp paketleyelim. Paketin yan kenarlarını da kapatıp balığı ısıtılmış 200° ısılı fırında 20-25 dk. pişirelim. Sonra balığı folyodan çıkarıp margarinle yağlanmış fırın kabına alalım ve üzeri hafifçe renk alana dek ikinci kez pişirerek servis yapalım.

163

GÜVEÇTE LEVREK

MALZEMELER

1 iri boy levrek balığı
250 gr. mantar
2 orta boy soğan
1 orta boy patates
1 orta boy havuç
1 orta boy domates
1 orta boy limon
2-3 defne yaprağı
5-6 diş sarmısak
1/2 çay bardağı sıvı yağ
tuz, karabiber
★ **4-5 kişilik**

HAZIRLANIŞI

Balığı alırken ayıklatıp 2 cm. eninde yuvarlak dilimler halinde kestirtelim. Mantarları ince uzun dilimleyelim. Soğanı piyaz doğrayalım. Havuç ve domatesi küçük küpler halinde doğrayalım. Sebzeleri bir kapta birleştirip tuz, karabiber ve sıvı yağ ekleyerek karıştıralım ve güveç fırın kabına yayalım. Balık dilimlerini yıkayıp suyunu süzerek arkalı önlü tuz ve karabiber serpelim, sebzelerin üzerine yerleştirelim. Aralarına limon dilimlerini ve defne yapraklarını yerleştirelim. Fırın kabının üzerini alüminyum folyoyla kapatarak ısıtılmış 200° ısılı fırında 15-20 dk. pişirelim. Sonra fırın kabının üzerinden alüminyum folyoyu çıkarıp balığın ve sebzelerin üzeri hafifçe renk alana dek ikinci kez pişirerek servis yapalım.

ASMA YAPRAĞINDA SARDALYA

MALZEMELER
750 gr. sardalya
150 gr. taze asma yaprağı
1 kahve fincanı sıvı yağ
15-20 defne yaprağı
tuz, karabiber
★ **4-5 kişilik**
HAZIRLANIŞI
Ayıklanıp yıkanmış balıkların suyunu süzelim. Asma yapraklarını yıkayıp suyunu süzelim. Balıkları sıvı yağa batırıp çıkararak arkalı önlü tuz ve karabiber serpelim. Defne yapraklarını balıkların karın boşluklarına yerleştirelim. Asma yapraklarının her birine birer balık sararak fırın kabına dizelim. Fırın kabının üzerini yağlı kâğıtla kapatarak ısıtılmış 200° ısılı fırında pişirelim. Balıkların pişip pişmediğini kontrol edip fırından alalım ve asma yaprakları içinde servis yapalım.

FIRINDA SARDALYA

MALZEMELER
750 gr. sardalya
2 orta boy soğan
3 orta boy domates
4-5 sivribiber
2-3 diş sarmısak
1 orta boy limon
5 çorba kaşığı sıvı yağ
tuz, karabiber
★ **4-5 kişilik**
HAZIRLANIŞI
Ayıklanıp yıkanmış balıkların suyunu süzerek margarinle yağlanmış fırın kabına tek sıra halinde dizelim. Soğanları piyazlık doğrayıp balıkların üzerine yayalım. Üzerine küçük doğranmış sarmısakları, biberleri ve yuvarlak dilimlenmiş domatesleri yayalım. Üzerine sıvı yağı gezdirelim. Tuz ve karabiber serperek yuvarlak dilimlenmiş limon dilimlerini yerleştirelim. Fırın kabının üzerini alüminyum folyo ile kapatarak ısıtılmış 200° ısılı fırında balıklar yumuşayana dek pişirelim. Folyonun kenarını hafifçe açıp balıkların pişip

pişmediğini kontrol ederek fırından alalım ve servis yapalım.

ŞEF USULÜ PALAMUT
(IZGARADA)

MALZEMELER
2 iri boy palamut
1 çorba kaşığı salça
2 çorba kaşığı su
4-5 diş sarmısak
tuz, karabiber
★ **4-5 kişilik**
HAZIRLANIŞI
Balıkları alırken ayıklatıp fileto haline getirelim. Filetoları yıkayıp suyunu süzerek arkalı önlü tuz ve karabiber serpelim. Bir kabın içine dövülmüş sarmısakları, salçayı, tuzu, karabiberi, suyu ekleyip karıştıralım. Salçalı sosu fırça yardımıyla balık filetolarına arkalı önlü sürerek ızgarada pişirelim ve soğan piyazı ile servis yapalım.

SOYA SOSLU PALAMUT

MALZEMELER
2 iri boy palamut
1 orta boy soğan
2 orta boy domates
1 çay bardağı sıvı yağ
3 çorba kaşığı soya sosu
1/2 demet maydanoz
tuz, karabiber
★ **4-5 kişilik**
HAZIRLANIŞI
Balığı alırken ayıklatıp fileto haline getirtelim. Filetoları yıkayıp suyunu süzerek enine 2 eşit parçaya keselim ve arkalı önlü tuz ve karabiber serpelim. Bir tavaya 3-4 çorba kaşığı sıvı yağı alalım. Küçük doğranmış sivribiberleri ekleyip 2-3 dk. kavuralım. Tavla zarı iriliğinde doğranmış domatesleri, tuzu ve karabiberi ekleyerek domateslerin suyu çekilene dek

kavurmaya devam edelim. Ayrı bir tavaya kalan sıvı yağı alıp kızdıralım. Balık filetoları arkalı önlü kızartalım. Sonra tavadaki yağı başka bir kaba boşaltalım. Filetoların üzerine soya sosunu gezdirip ara sıra ters yüz ederek 2-3 dk. daha pişirelim ve servis tabağına alalım. Üzerine domates sosunu gezdirip kıyılmış maydanoz serperek servis yapalım.

TENCEREDE KEFAL BUĞULAMA

MALZEMELER
1 iri boy kefal
2 orta boy soğan
4-5 diş sarmısak
2 orta boy domates
1/4 limon suyu
1/2 su bardağı su
1/2 çay bardağı sıvı yağ
4-5 defne yaprağı
tuz, karabiber
★ **4-5 kişilik**

HAZIRLANIŞI
Balığı alırken ayıklatıp 2 cm. eninde yuvarlak dilimler halinde kestirtelim. Balık dilimlerini yıkayıp suyunu süzerek arkalı önlü tuz ve karabiber serpelim. Yayvan bir tencereye piyaz doğranmış soğanların yarısını yayalım. Üzerine balık dilimlerini yerleştirelim. Üzerine kalan piyaz doğranmış soğanları ve küçük doğranmış sarmısakları yayalım. Üzerine yuvarlak dilimlenmiş domatesleri ve defne yapraklarını yerleştirip tuz ve karabiber serpelim. Üzerine limon suyunu, sıvı yağı ve suyu ilave edip ağır ateşte balık parçaları yumuşayana dek pişirerek servis yapalım.

GÜVEÇTE BALIK

MALZEMELER
2 orta boy lüfer veya levrek
3 orta boy soğan
1/2 kahve fincanı sirke
1/2 çay bardağı sıvı yağ
2 kahve fincanı su

tuz, karabiber
★ **4-5 kişilik**
HAZIRLANIŞI
Balığı alırken ayıklatıp 2 cm. eninde yuvarlak dilimler halinde kestirtelim. Soğanı piyaz doğrayarak güveç fırın kabına yayalım. Balık dilimlerine arkalı önlü tuz ve karabiber serperek soğanların üzerine yerleştirelim. Üzerine sıvı yağı, sirkeyi ve suyu gezdirerek fırın kabının üzerini alüminyum folyo ile kapatalım. Isıtılmış 200° ısılı fırında 15-20 dk. pişirelim. Sonra fırın kabının üzerinden alüminyum folyoyu çıkarıp balık dilimlerinin üzeri hafifçe renk alana dek ikinci kez pişirerek servis yapalım.

KÂĞITTA BALIK

MALZEMELER
2 orta boy levrek, kefal veya lüfer
2 orta boy soğan
3 orta boy patates
7-8 sivribiber
3 orta boy domates
8-10 diş sarmısak
1 kahve fincanı sıvı yağ
tuz, karabiber
★ **4-5 kişilik**
HAZIRLANIŞI
Balığı alırken ayıklatıp 2 cm. eninde yuvarlak dilimler halinde kestirtelim. Balık dilimlerini yıkayıp suyunu süzerek arkalı önlü tuz ve karabiber serpelim. Yağlı kâğıttan 25x30 cm. boyunda 4 adet dikdörtgen parça keselim. Kâğıtların bir kenarına yuvarlak dilimlenmiş patatesleri dizelim. Üzerine piyaz doğranmış soğanları, üzerine balık dilimlerini, üzerine küçük doğranmış sivribiberleri, üzerine yuvarlak dilimlenmiş domatesleri yerleştirelim. Üzerine küçük doğranmış sarmısakları, tuz ve karabiberi serpip sıvı yağ gezdirelim. Kâğıdın boş kenarını diğer tarafa katlayıp kenarlarını 2 kez çevirerek paket haline getirelim. Kâğıtların üzerine fırçayla ince bir kat sıvı yağ sürerek balık paketlerini fırın kabına yerleştirelim. Isıtılmış 200° ısılı fırında paketlerin üzeri pembeleşene dek pişirelim. Paketlerin birini hafifçe açıp balıkların pişip pişmediğini kontrol ederek fırından alalım. Paketlerin ortasını keserek servis yapalım.

KREMALI BALIK

MALZEMELER

2 orta boy lüfer veya levrek

3 çorba kaşığı krema

1/2 demet dereotu

1 çay bardağı süt

1/4 limon suyu

2-3 diş sarmısak

tuz

★ **4-5 kişilik**

HAZIRLANIŞI

Balıkları alırken ayıklatıp fileto haline getirtelim. Filetoları enine 2 eşit parçaya keselim. Yıkayıp suyunu süzerek arkalı önlü tuz ve karabiber serpelim, margarinle yağlanmış fırın kabına dizelim. Kremaya kıyılmış dereotunu, limon suyunu, sütü, dövülmüş sarmısakları ve tuzu ekleyip çırparak filetoların üzerine yayalım. Üzerini alüminyum folyo ile örterek 15-20 dk. pişirelim. Sonra alüminyum folyoyu fırın kabının üzerinden alıp 5-10 dk. daha balıkların üzeri hafifçe renk alana dek pişirelim. Arzuya göre haşlanmış patates dilimleri ile servis yapalım.

KÂĞIT KEBABI

MALZEMELER
1 iri boy levrek, palamut veya lüfer

3 orta boy soğan

3 orta boy domates

4-5 sivribiber

1/2 demet dereotu

1/2 demet maydanoz

1 limon suyu

1/2 çay bardağı sıvı yağ

tuz, karabiber

★ **4-5 kişilik**

HAZIRLANIŞI

Balığı alırken ayıklatıp fileto haline getirtelim. Filetoları enine 2 eşit parçaya keselim, yıkayıp suyunu süzerek arkalı önlü tuz ve karabiber serpelim. Yağlı kâğıttan 25x30 cm. boyunda 4 adet dikdörtgen parça keselim. Kâğıtların bir kenarına piyaz doğranmış soğanı, üzerine kıyılmış maydanozu, üzerine yuvarlak dilimlenmiş domatesleri ve küçük doğranmış sivribiberleri yayalım. Üzerine balık filetoları yerleştirelim, üzerine yuvarlak dilimlenmiş birer limon dilimi ekleyelim. Üzerine piyaz soğanları yayalım. Üzerlerine 1 çorba kaşığı sıvı yağ gezdirerek kıyılmış dereotu, tuz ve karabiber serpelim. Kâğıdın boş kenarını diğer tarafa katlayıp kenarlarını 3 kez kıvırarak paket haline getirelim. Kâğıtların üzerine fırçayla ince bir kat sıvı yağ sürerek balık paketlerini fırın kabına yerleştirelim. Isıtılmış 200° ısılı fırında paketlerin üzeri hafifçe pembeleşene dek pişirelim. Paketlerden birini hafifçe açıp balıkların pişip pişmediğini kontrol ederek fırından alalım. Paketlerin ortasını keserek servis yapalım.

Fırında Domates Soslu Lüfer

MALZEMELER
2 iri boy lüfer
3 orta boy domates
2 orta boy soğan
1/2 çay bardağı sıvı yağ
6-7 diş sarmısak
tuz, karabiber
★ 4-5 kişilik

HAZIRLANIŞI
Balıkları alırken ayıklatıp fileto haline getirtelim. Balık filetoları yıkayıp suyunu süzerek arkalı önlü tuz ve karabiber serpelim. Tavaya sıvı yağı alalım. Küp doğranmış soğanı ve sarmısakları ekleyip pembeleşene dek kavuralım. Rendelenmiş domatesleri, tuzu, karabiberi ekleyip 2-3 dk. daha kavurmaya devam edelim. 1-1,5 su bardağı sıcak suyu ekleyip bir taşım kaynatarak sosu ateşten alalım. Balık filetolarını fırın kabına yerleştirip üzerine domates sosunu gezdirelim.
Fırın kabının üzerini alüminyum folyo ile kapatıp ısıtılmış 200° ısılı fırında balıklar yumuşayana dek pişirelim. Folyonun kenarını hafifçe açıp balıkların pişip pişmediğini kontrol ederek fırından alalım ve servis yapalım.

Sazan Kebabı
(AKŞEHİR YEMEĞİ)

MALZEMELER
1 iri boy sazan veya turna balığı
3 çorba kaşığı sıvı yağ
tuz, karabiber
4 çorba kaşığı zeytinyağı (sos için)
2 çorba kaşığı limon suyu
★ 4-5 kişilik

HAZIRLANIŞI
Balığı alırken kafasını, pullarını ve iç organlarını temizletelim. Balığı birkaç su yıkayıp suyunu süzerek içini ve dışını fırça yardımıyla sıvı yağ ile yağlayalım ve tuz, karabiber serpelim. Balığı alüminyum folyoya sararak fırın kabına yerleştirip ısıtılmış 200° ısılı fırında pişirelim. Pişip pişmediğini kontrol

edip fırından alalım. Zeytinyağını limon suyu ile çırparak balığın üzerine gezdirip servis yapalım.

Havyar Köftesi

MALZEMELER
250 gr. havyar (balık yumurtası)
2-3 çorba kaşığı un
1/2 demet maydanoz
1 yumurta
1/2 su bardağı sıvı yağ
tuz, karabiber
★ 4-5 kişilik

HAZIRLANIŞI
Bir kabın içine havyarı, unu, yumurtayı, tuzu, karabiberi, kıyılmış maydanozu ekleyip karıştıralım. Köfte harcını kızdırılmış sıvı yağa kaşıkla şekillendirerek bırakalım ve arkalı önlü kızartarak servis yapalım.

> Bazı balıkların içinden havyar çıkar. Havyarı balıkçılardan da alabilirsiniz. Besin değeri çok yüksek olan havyarı tarama veya havyar köftesi yaparak değerlendirin.

Şişte Uskumru Kebabı

MALZEMELER
1 kg. uskumru
defne yaprakları
tuz, karabiber
★ 4-5 kişilik

HAZIRLANIŞI
Balıkları alırken ayıklatıp fileto haline getirtelim. Balık filetolarını yıkayıp suyunu süzerek kuşbaşı iriliğinde parçalara keselim. Balık parçalarını şişlere arada bir defne yaprağı geçirerek dizelim. Balık parçalarına arkalı önlü tuz ve karabiber serpip ızgarada veya kömür ateşinde çevirerek pişirelim. Soğan piyazı ile servis yapalım.

FIRINDA BALIK YAHNİSİ

(AKŞEHİR YEMEĞİ)

MALZEMELER
1 iri boy aynalı sazan
2 orta boy soğan
2 orta boy havuç
1 çorba kaşığı salça
4 orta boy patates
1/2 çay bardağı sıvı yağ
tuz, karabiber
★ **4-5 kişilik**

HAZIRLANIŞI
Balığı alırken ayıklatıp 2 cm. eninde yuvarlak dilimler halinde kestirtelim. Balık dilimlerini yıkayıp suyunu süzerek arkalı önlü tuz ve karabiber serpelim. Tavaya sıvı yağı alalım. Küp doğranmış soğanları ve tavla zarı iriliğinde doğranmış havuçları ekleyerek soğanlar pembeleşene dek kavuralım. Salçayı, tuzu, karabiberi ekleyip birkaç kez çevirelim, 1,5-2 su bardağı sıcak su ekleyip bir taşım kaynatalım. Fırın kabına balık dilimlerini yerleştirelim. Patatesleri soyup yuvarlak dilimler halinde keserek balıkların aralarındaki boşluklara 2 sıra halinde yerleştirelim. Isıtılmış 200° ısılı fırında balıkların ve patateslerin üzeri hafifçe pembeleşene dek pişirelim. Sonra salçalı sosu patateslerin ve balıkların üzerine gezdirip balıklar yumuşayana dek ikinci kez pişirelim ve servis yapalım.

PAPAZ YAHNİSİ

(AKŞEHİR YEMEĞİ)

MALZEMELER
1 iri boy aynalı sazan
1 çorba kaşığı salça
1/4 limon suyu
4-5 diş sarmısak
3 çorba kaşığı sıvı yağ
1/2 su bardağı su
1/2 su bardağı sıvı yağ (balıklar için)
4-5 çorba kaşığı un
Piyaz garnitürü için
2 orta boy soğan
1/2 demet maydanoz
tuz, sumak
★ **4-5 kişilik**

HAZIRLANIŞI
Balığı alırken ayıklatıp 2 cm. eninde yuvarlak dilimler halinde kestirtelim. Balık dilimlerini yıkayıp suyunu süzerek arkalı önlü tuz ve karabiber serpelim. Tavaya sıvı yağı alıp kızdıralım. Balık dilimlerini arkalı önlü una bulayarak kızartıp yayvan bir tencereye dizelim. Ayrı bir tavaya sıvı yağı alalım. Salçayı ve dövülmüş sarmısakları ekleyerek 1/2 dk. kavuralım. Tuzu, suyu ve limon suyunu ekleyerek sosu bir taşım kaynatıp ateşten alalım ve balıkların üzerine gezdirelim. Balıkları ağır ateşte sosu ile birlikte 5 dk. pişirip piyaz soğan garnitürü ile servis yapalım.

PİYAZI İÇIN

Soğanları piyaz doğrayıp tuz ile ovalım ve yıkayalım. Suyunu süzüp kıyılmış maydanoz ve sumak ekleyerek karıştıralım.

TARAMA

MALZEMELER

200 gr. taramalık balık yumurtası (havyar)

3/4 su bardağı zeytinyağı

3 çorba kaşığı limon suyu

tuz

★ **4-5 kişilik**

HAZIRLANIŞI

Balık yumurtasının zarını çıkararak çukur bir
kaba alalım. Limon suyunu, zeytinyağını azar
azar ve mikserle çırpmaya devam ederek ilave
edelim. Tarama beyazlaşıp kıvam alana dek
çırpalım. Tuzu ekleyip 1/2 dk. daha çırpalım.
Buzdolabında bir gün bekletelim ve
servis yapalım.

KALAMAR DOLMASI

MALZEMELER

9 küçük boy kalamar (ayıklanıp hazırlanmış)

3-4 dal taze soğan

5 çorba kaşığı sıvı yağ

1/2 çorba kaşığı dolmalık fıstık

1/2 çorba kaşığı kuşüzümü

3 çorba kaşığı pirinç

1/4 demet dereotu

1 tatlı kaşığı şeker

karabiber, yenibahar, tarçın (birer çay kaşığı)

tuz

★★ 4-5 kişilik

HAZIRLANIŞI

Ayıklanıp hazırlanmış kalamarları yıkayalım ve suyunu süzelim. Kalamarları birkaç saat üzerlerini aşacak kadar süt içinde bekletelim. Daha sonra kalamarları süt ile birlikte 10 dk. kaynatıp bekletelim. Tavaya sıvı yağı alıp fıstıkları ekleyerek pembeleşene dek kavuralım. Fıstıkları delikli kepçe ile alalım. Aynı yağda yıkanmış pirinci şeffaflaşana dek kavuralım. Kıyılmış taze soğanı ekleyip 1/2 dk. daha kavurmaya devam edelim. Kuşüzümünü, tuzu, baharatları, şekeri, 3 çorba kaşığı suyu ekleyip pirinçler suyunu çekene dek pişirerek ateşten alalım. İçine kıyılmış dereotunu ekleyip karıştıralım. Kalamarların iç kısmını hazırladığımız içle doldurarak tencereye dizelim. Üzerini hafifçe aşacak kadar sıcak su ekleyelim. Porselen bir servis tabağını ters çevirip dolmaların üzerine kapatalım. Tencerenin kapağını da örtüp ağır ateşte kalamarlar yumuşayana dek pişirelim. Soğutarak limon dilimleri ile servis yapalım.

SOSLU ALABALIK

MALZEMELER

2 orta boy alabalık
3-4 çorba kaşığı un
1 çay bardağı sıvı yağ
tuz, karabiber

Sosu için

4-5 dal taze soğan
2 orta boy domates
1 tatlı kaşığı salça
4 çorba kaşığı sıvı yağ
1/2 kahve fincanı su
tuz, karabiber

⭐ **4-5 kişilik**

HAZIRLANIŞI

Balıkları alırken ayıklatıp fileto haline getirtelim. Filetoları enine 2 eşit parçaya keselim, yıkayıp suyunu süzelim ve arkalı önlü tuz, karabiber serpelim. Tavaya sıvı yağı alıp kızdıralım. Balık filetolarını arkalı önlü una bulayıp kızartarak servis tabağına alalım. Başka bir tavaya sıvı yağı alalım. Küçük doğranmış soğanı ekleyerek pembeleşene dek kavuralım. Rendelenmiş domatesi ekleyip 2-3 dk. daha kavurmaya devam edelim. Salçayı ekleyip birkaç kez çevirdikten sonra tuzu, karabiberi, suyu ekleyip bir taşım kaynatalım. Sosu ateşten alıp balıkların üzerine gezdirerek servis yapalım.

MANTAR SOSLU ALABALIK

MALZEMELER

2 orta boy alabalık
3-4 çorba kaşığı un
1 çay bardağı sıvı yağ
tuz, karabiber

Mantar sos için

350 gr. mantar
1 orta boy soğan
25 gr. kaşarpeyniri
3 çorba kaşığı süt
1-2 diş sarmısak
1/2 kahve fincanı sıvı yağ
1/4 demet dereotu
tuz, karabiber

⭐ **4-5 kişilik**

HAZIRLANIŞI

Balıkları alırken ayıklatıp fileto haline getirtelim. Filetoları yıkayıp suyunu süzerek arkalı önlü tuz ve karabiber serpelim. Tavaya sıvı yağı alıp kızdıralım. Balık filetolarını arkalı önlü una bulayarak kızartalım. Servis tabağına önceden hazırladığımız mantarlı sosu yayıp üzerine kızaran balık filetoları yerleştirelim ve servis yapalım.

MANTAR SOSU İÇİN

Tavaya sıvı yağı alalım. Küp doğranmış soğanı ve sarmısakları, ince dilimlenmiş mantarları ekleyerek mantarlar bıraktığı suyu çekene dek kavuralım. Sütü, tuzu ve karabiberi ekleyip 1/2 dk. daha pişirerek ateşten alalım. İçine kaşar rendesini ve kıyılmış dereotunu ekleyip karıştırarak ateşten alalım.

PORTAKALLI KUSKUSLU ALABALIK

MALZEMELER

2 orta boy alabalık
1/2 su bardağı portakal suyu
3/4 su bardağı su
1/2 su bardağı kuskus
1 çay bardağı sıvı yağ
3-4 çorba kaşığı un
1 orta boy soğan
1/2 demet maydanoz
tuz, karabiber, sumak

⭐ **4-5 kişilik**

HAZIRLANIŞI

Balıkları alırken ayıklatıp fileto haline getirtelim. Filetoları enine iki eşit parçaya keselim, yıkayıp suyunu süzelim ve arkalı önlü tuz ve karabiber serpelim. Tavaya sıvı yağı alıp kızdıralım. Balık filetolarını arkalı önlü una bulayıp kızartalım. Tencereye portakal suyu ve suyu alıp kaynatalım. Kuskusları ekleyip ağır ateşte suyunu çekene dek haşlayalım. Piyaz doğranmış soğanı tuzla ovup yıkayalım. İçine kıyılmış maydanoz ve sumak ekleyip karıştıralım. Kızaran balık filetolarını servis tabağına alıp kuskus ve soğan piyazı ile servis yapalım.

TON BALIĞI YAHNİSİ

MALZEMELER
1 büyük kutu ton balığı konservesi
4-5 sivribiber
4-5 diş sarmısak
2 orta boy domates
3 çorba kaşığı sıvı yağ
1/2 demet dereotu
tuz, karabiber
★ **4-5 kişilik**

HAZIRLANIŞI
Tencereye sıvı yağı alalım. Küçük doğranmış sivribiberleri ve sarmısakları ekleyerek 2-3 dk. kavuralım. Tavla zarı iriliğinde doğranmış domatesleri, tuzu ve karabiberi ekleyerek domateslerin suyu çekilene dek kavurmaya devam edelim. Ton balıklarının yağını süzüp ekleyerek 2-3 dk. daha kavuralım. Yahniyi ateşten alıp kıyılmış dereotu serperek servis yapalım.

TON BALIKLI LAHANA BOHÇASI

MALZEMELER
1 küçük kutu ton balığı konservesi
5-6 yaprak lahana (haşlanmış)
1 çay bardağı pirinç (haşlanmış)
1/4 limon suyu
1/2 demet dereotu
1/2 demet maydanoz
1 orta boy soğan
1/4 çay bardağı sıvı yağ
2-3 diş sarmısak
1/2 çorba kaşığı salça
tuz, karabiber
★ **4-5 kişilik**

HAZIRLANIŞI
Tavaya sıvı yağı alalım. Küp doğranmış soğanları ve sarmısakları ekleyerek pembeleşene dek kavurup ateşten alalım. İçine kıyılmış dereotunu ve maydanozu, haşlanmış pirinçleri, limon suyunu, tuzu ve karabiberi, yağını süzdüğümüz ton balığını ekleyip karıştıralım. Haşlanmış lahana yapraklarını ikiye veya üçe bölelim. İçine ton balıklı harçtan birer çorba kaşığı koyup lahana yapraklarının karşılıklı kenarlarını bohça kapatır gibi kapatalım ve yayvan bir tencereye ters çevirerek dizelim. Salçayı 1 su bardağı su ile incelterek tencereye boşaltıp ağır ateşte 15-20 dk. pişirelim ve servis yapalım.

PAKETTE BALIK

MALZEMELER
2 iri boy lüfer, kefal veya levrek
3 orta boy domates
4-5 defne yaprağı
3 orta boy soğan
1/2 çay bardağı sıvı yağ
tuz, karabiber
★ **4-5 kişilik**

HAZIRLANIŞI
Balıkları alırken ayıklatıp fileto haline getirtelim. Filetoları yıkayıp suyunu süzerek arkalı önlü tuz ve karabiber serpelim. Filetoları enine 2 eşit parçaya keselim. Alüminyum folyoları 15-20 cm. kenarlı kareler halinde keserek üzerlerini sıvı yağ ile yağlayalım. Ortalarına balık filetolarını yerleştirelim. Üzerine piyaz doğranmış soğanları, üzerine yuvarlak dilimlenmiş domatesleri ve defne yapraklarını yerleştirelim. Üzerine sıvı yağ gezdirerek tuz ve karabiber serpelim. Alüminyum folyoların karşılıklı kenarlarını bohça kapatır gibi kapatarak fırın kabına yerleştirelim. Isıtılmış 220° ısılı fırında balıklar yumuşayana dek pişirelim. Paketlerden birini hafifçe açalım, balıkların pişip pişmediğini kontrol ederek fırından alalım. Paketleri açarak servis yapalım.

ℱIRINDA ℬARBUNYA ℬUĞULAMA

MALZEMELER

750 gr. barbunya
2 orta boy soğan
2 orta boy domates
2-3 defne yaprağı
1/2 çay bardağı sıvı yağ
tuz, karabiber
★ **4-5 kişilik**

HAZIRLANIŞI

Ayıklanıp yıkanmış balıkların suyunu süzerek margarinle yağlanmış fırın kabına dizelim. Üzerine rendelenmiş domatesleri gezdirelim. Soğanları piyaz doğrayıp balıkların üzerine yayarak tuz serpelim. Defne yapraklarını balıkların aralarındaki boşluklara sıkıştıralım. Üzerine sıvı yağ gezdirerek fırın kabının üzerini alüminyum folyo ile kapatalım. Isıtılmış 200° ısılı fırında balıklar yumuşayana dek pişirelim. Folyonun kenarını hafifçe açıp balıkların pişip pişmediğini kontrol ederek fırından alalım ve servis yapalım.

BEŞAMEL SOSLU SEBZELİ LEVREK

MALZEMELER
1 iri boy levrek balığı
1 orta boy limon
1 orta boy soğan
1/2 demet maydanoz
1/2 demet dereotu
3-4 defne yaprağı
200 gr. mantar
200 gr. ıspanak (yapraklı kısımları)
1 orta boy havuç
1/2 çay bardağı sıvı yağ
tuz

Beşamel sos için
1,5 su bardağı süt
1,5 çorba kaşığı un
3 çorba kaşığı sıvı yağ
tuz

★★ **4-5 kişilik**

HAZIRLANIŞI
Balıkları alırken ayıklatıp fileto haline getirtelim. Balık filetolarını yıkayıp suyunu süzerek arkalı önlü tuz ve karabiber serpelim ve yayvan bir tencereye yerleştirelim. Üzerine maydanozu ve dereotunu doğramadan yayalım. Üzerine yuvarlak dilimlenmiş limon dilimlerini ve 4'e kesilmiş soğanı, defne yapraklarını yerleştirelim. Tuz serpelim. Balıkların ve sebzelerin üzerini hafifçe aşacak kadar sıcak suyu ekleyerek levrek filetoları yumuşayana dek haşlayalım. Filetoları tencereden alıp bekletelim. Tavaya sıvı yağı alalım. Yuvarlak dilimlenmiş havucu ekleyerek yumuşayana dek arada bir karıştırıp kavuralım. İnce uzun dilimlemiş mantarları ekleyelim, suyunu bırakıp çekene dek kavurmaya devam edelim. Ayıklayıp yıkadığımız ıspanak yapraklarını iri doğrayıp ekleyerek 1-2 dk. daha kavuralım. Tuzunu ayarlayıp ateşten alalım. Fırın kabının iç kısmını alüminyum folyoyla kaplayalım. İçine sebzeli harcı yayalım. Üzerine levrek filetoları dizelim. Bir başka tavaya sıvı yağı alalım. Unu ekleyip sürekli karıştırarak un hafifçe sararana dek kavuralım. Azar azar ve sürekli karıştırarak sütü ve tuzu ekleyelim. Sos koyulaşana dek karıştırmaya ara vermeden pişirelim. Sosu balıklı harcın üzerine yayarak ısıtılmış 200° ısılı fırında üzeri açık pembe renk alana dek 10-15 dk. pişirip servis yapalım.

> *Tek kişilik fırın kaplarında da hazırlayabilirsiniz.*

USKUMRU DOLMASI

MALZEMELER
750 gr. uskumru (irilerinden)
1/2 çay bardağı pirinç
1/2 çorba kaşığı kuşüzümü
1/2 çorba kaşığı çamfıstığı
2 yumurta
4-5 çorba kaşığı mısır unu
1/2 demet maydanoz
1 orta boy soğan
1/2 su bardağı sıvı yağ (kızartmak için)
3 çorba kaşığı sıvı yağ
tuz, karabiber

★★ **4-5 kişilik**

HAZIRLANIŞI
Uskumruların kafalarını ve bel kemiklerini çıkararak yıkayıp suyunu süzelim. Tavaya sıvı yağı alalım. Dolmalık fıstıkları ekleyip pembeleşene dek kavuralım. Küp doğranmış soğanı ekleyerek 2-3 dk. daha kavurmaya devam edelim. Yıkayıp suyunu süzdüğümüz pirinci ekleyerek şeffaflaşana dek kavuralım. Kuşüzümlerini, tuzu, baharatları, 1 çay bardağı sıcak suyu ekleyerek ağır ateşte pirinçler suyunu çekene dek pişirelim. Kıyılmış maydanozu ekleyip karıştıralım. Uskumruların dış kısımlarını tuzla karıştırılmış mısır ununa bulayarak 2 uskumruyu yan yana yatıralım. Üzerine hazırladığımız içten 1 tatlı kaşığı koyalım. Üçüncü uskumrunun dışını da mısır ununa bulayıp diğer uskumruların üstüne kapatalım. Uskumruları elimizle sıkıştırarak arkalı önlü çırpılmış yumurtaya bulayalım. Kızgın sıvı yağda arkalı önlü kızartarak servis yapalım.